手から心へ

辰巳芳子のおくりもの

NHK出版

デザイン　市川千鶴子（ハームスワース）

カバー撮影：河邑厚徳（P.90、P.126、P.181も）

本文撮影：映画『天のしずく　辰巳芳子“いのちのスープ”』より

小林庸浩（P5、P.16）

校正　川島智子

はじめに

映画監督の目で料理家を料理する、無謀な試み？

不思議な縁で、還暦をだいぶ過ぎてから、辰巳芳子さんの映画を撮ることになりました。1971年に大学を卒業してNHKで幅広いジャンルのドキュメンタリーを作ってきましたが、料理や食をテーマにして番組を作ったことはありませんでした。

『シルクロード』取材での楽しみは食べること。砂漠でテントを張って、ヒツジの肉とトマトを鉄の串にさし、岩塩をすり込み、ラクダの糞を乾燥した燃料で焼いて食べるシャシリクの美味しさは生涯忘れられません。砂漠の地平線に落ちる夕陽の大きさが最高の調味料でした。

インドでは庭を飛び回っている痩せた鶏を捕まえて、タンドリーチキンにするとその味の濃いことに唸りました。痩せているので骨の周りの貧弱な肉を歯でこそぎ落とすように味わいました。ガンジス川の名前も分からない肉厚の魚を、板の上に固定した刃物で、魚を両手で掴み前後に動かして切り身にした大味の食材。冷凍技術は貧弱で匂いも強いものでした。でもギー（澄ましバター）で揚げて下痢もせずに食べました。

ＮＨＫスペシャル『アインシュタインロマン』の取材では、ドイツの作家ミヒャエル・エンデと数多く食事をともにすることが出来ました。エンデの住む南ドイツのミュンヘンはフランス、スイス、オーストリアなどと国境が近く食文化の交差点のような街でした。グルメのエンデ行きつけのレストランでは、洗練と野生のバランスを楽しむことが出来ました。このときは、エンデの無限に湧き出すようなジョークが最高の調味料でした。

つまり、僕は食べることが大好きですが、その楽しみを仕事とするのは避けてきました。仕事に向かう切れ味が鈍ると直感的に思っていました。しかし、辰巳芳子さんと出会い、生涯で初めて食と料理に向かい合うことになったのです。

ただし、この『天のしずく』は料理映画ではありません。辰巳さんに惹かれたのは、哲学的な表現の豊かさです。しかし、その言葉は簡潔で叡智に溢れるものです。作家なら、難解な本質を語った言葉があっても、別の言葉で説明したり、かみ砕いて話してくれます。しかし、読み進むうち、抽象性が高い辰巳さんの言葉を理解する鍵は、同じ辰巳さんの手が作り出す料理にあると分かってきました。言葉と料理が呼応しているのです。短絡的に言ってしまえば、辰巳さんの料理は舌や五感で味わうだけではなく、謎解きが必要なものでした。心や脳でも味わえる料理なのです。アガサ・クリスティの推理小説を読み進めるように、辰巳芳子の世界に惹かれていきました。

しかし、映画を作る過程はなかなか気苦労が多いものでした。映画には、辰巳さんの望むイメージがありました。「愛することは、生きること」を描くなどの宿題も出され、作品を作る緊張感が生まれました。撮影が進む中で、この映画は孤高の料理家を、映画監督の目で料理するという無謀なたくらみだと覚悟を決めました。辰巳さんの言葉と料理を結ぶためには、辰巳さんをまな板の上に載せなければならないからです。

そして、この本は映画では尽くせなかった、辰巳芳子の余白にある沢山の謎を解こうとする試みです。最初に結論を書きます。この謎は、実は私たち誰でも持っている歴代の記憶と、育った風土にかくれていたものでした。

目次

第一章　辰巳芳子の凄さを誰も知らない

＊ラジカルな人

辰巳芳子はラジカルな人です。物事の根本を問いかけ、日々の出来事に埋没せずに本質を求めて生きてきました。複雑で多岐にわたる現象の中から、最も肝心なことを見抜く眼力を得た人です。折に触れて、辰巳さんが話す言葉は、いつも焦点が合い含蓄に富んでいるのです。でも、分かりにくい点は多々あります。この本の目的は、辰巳さんの世界をもう少し身近に伝えるためのサブノートのようなものです。

この映画を撮影するにあたって、「映画では私を追わないでほしい。物事を追わないでほしい」と言われました。辰巳さんが映画に期待したのは、目の前にある具体的な事物の奥にある普遍です。そうすると難しく聞こえますが、実際の辰巳さんの仕事は微に入り細をうがつ現実的な手業です。例えば、薬物はあらかじめ水につけておく。葉っぱと茎は別物として扱う。火加減は10段階に分けて使い、0のレベルもある。「それが余熱、愛にも余熱があるでしょ」といった言葉まで溢れ出る人です。

僕は辰巳さんと四年以上、様々な機会でお話を聞き、著作を読み、活動を見てきました。

そこで見えたのは、辰巳さんは一筋縄では捉えられない大きな存在であること。現代が忘れようとしている、地母神のようなおばあさまで、中には祖先の叡智がギュギュッと込められていることです。この本で、複雑なパソコンのプログラムを解凍するように辰巳芳子さんを裸にしようと思っています。

辰巳芳子は、日々の暮らしと壮大な宇宙観、対極にあるミクロとマクロが同居する人です。世間ではちょっと怖いカリスマ的なイメージもあるようですが、僕は予断を持たず彼女の中心を描こうと考えてきました。撮影を通して沢山の発見もありました。お茶目な姿や、世間知らずのお嬢さんの屈託のなさ、人使いのうまさ、戦死した夫のことを半世紀にわたり想い続けてきた屈せぬ心、米寿を迎えても新しい課題に挑戦し続ける気力など……人としての魅力が溢れています。

＊なぜ、おにぎりの真ん中に梅干？

映画の撮影は２０１１年二月に始まりました。早春の辰巳邸の庭にふきのとうが芽を出し、水仙が咲く平和な風景でした。その直後に起きた東日本大震災。震災後の四月のスープ教室で教えられたのはいつもと違う非常食でした。その中で僕は辰巳さんの凄さを感じる話を聞きました。さりげなく語られた梅干の話です。小さなことのようですが、辰巳さんが常識をいつも疑い、根源から食を考えてきたことが納得できて何度も頷きました。

今日はね、非常食をちょっとお教えしておこうかな、一番はご飯の炊き方。地獄炊きって言葉聞いたことある方？　想像してみて、お湯を沸かしといて、研いだ米をそこに入れてダーッと炊くのとね、普通の炊き方するのとね、炊き上がり時間が全く違うのね。それとおむすびの中心に梅干が入っているの、あれもすごい矛盾だと思わない？　すごーい矛盾なのよ、誰も言わないけど。どこが矛盾なのでしょうか？　答えて？

辰巳さんのそばにいると油断禁物。いきなり話の途中で質問が飛んできます。これは辰巳さんが取材を受けているときも同じです。記者仲間では辰巳さんは怖い人だと身構える人がとても多いのです。編集者たち、その中でもとりわけ女性は、辰巳さんから突然出される問いに誠心誠意を持って答えなければなりません。でもそれはうるさい婆さんが、意地悪をするのではありません。どこかでこの国の女性たちが知的で素敵になってほしいという熱意の表れなのです。このスープ教室でも生徒に向けての謎かけ質問がいくつも出ます。

あれはおかしいですよ。腐敗はね、中からじゃなくて外からでしょ、だからおむすびの外側にこそ梅干の影響を与えておかなければいけないでしょ。梅干をペースト状にしてそれを手に塗ってむすぶのが当たり前だと思うんだけど。そして外からわりに味のないご飯を食べていって、真ん中にいったら突然、酸っぱいモノがこれだけあるって（笑い)。食べても都合が悪いんだけどね、誰もあまり気にしないね。そういうことっていっぱいあるのよ。

だいたいから料理人がね、梅を使わなくなったわね。防腐剤なんてもの使うようになったから。梅を使えば腐るのを遅らせることができるのに、防腐剤使ってるでしょ。梅を使う使わないでは、全く違いますよ。

酸っぱい梅干は、食べ物の根幹に底力を与えます。一見小さなことでも、辰巳さんが提案する暮らしを健やかにする知恵は本当に深いものです。僕も小さな営みにこそ、一番大切なものがあると感じています。編集をしながら、映像の一コマ一コマの声を聞き、微細な表情の移ろいを見つめていると「神は細部に宿る」という言葉を思います。辰巳さんの凄さは、うっかりすると自明の理としてやり過ごすような、ディテールに向ける眼が示唆に富んでいることです。

なんでもないことはれいれいしいことよりむずかしく、ごまかしのきかぬところがある。

大方の学問が自明な現象を考えなおすところから端を発するように、食の周辺においても同様のことが言えるのではないだろうか。たとえば沢庵の切り方一つに完全さを追求するのは、目先の変化を求めるより、大地に足がついているところがあると思われて

ならないのだが……。（※01）

余談一つ。ある記者からの「最後の晩餐で何が食べたいですか？」の質問の答え

美味しいご飯と本物の沢庵かな。

＊食べ物は、どうして美味しくなくてはいけないのか

おにぎりと梅干の関係性に思いをはせた対極に、もう一方の辰巳さんの思考法があります。一回持った疑問にはとことんこだわりぬいて考え続ける。その問いのスケールは大きく根源的です。答えが出るまで何十年も待つと言います。日常の時間と天上の時間が二重螺旋のように辰巳芳子の世界を作り上げているのです。極大と極小の同居、辰巳芳子の魅力です。「食べ物はどうして美味しくなくてはいけないのか」は、グルメのはんちゅうに属するようですが全く違ったのです。それを小学館の月刊誌「プレシャス」の取材で知ることができました。聞きながら、その思考法の壮大なスケールに驚き、答えの意外性にも目からウロコでした。その問いかけとは。

椀盛り・おつゆ
味噌汁・粕汁
鍋物・蒸し物
汁かけごはん・おかゆの類
清汁・味噌汁
実だくさんの汁
粕汁・鍋物
牛肉
鶏肉
野菜
小麦・そば・燕麦・乾豆・パン
じゃがいも・野菜豆
（えんどう・そら豆・かぼちゃ・くり）
野菜を細かく切った汁仕立て
（プチマルミットのような
じゃが芋のスープ）

人はなぜ、美味しいものを食べたいと思うのかしらね。そもそも食べ物はなぜ美味しくなきゃいけないんだと思う?

この本を読んでいるあなたが聞かれたと思って考えてください。記者が「家族への愛が美味しさに繋がると思います」……必死に答えを探すと、辰巳さんはもっと長い時間の中で考えてみてください、のヒントを出してくれました。でもそのヒントのためにもっと混乱しそうです。答えに詰まった頃に……

それは多分、人類の始まりから、先人たちは自分のいのちの危険と引き換えに、食べていいものと悪いものとを、味だけで食べ分けてきたからです。そうやって人間は生き続けてきて、そのDNAはまだ私たちの中に色濃く残っています。だから美味しいということは、いのちの安泰、心の平和に密接に結びついていると思うんです。

先人の勇気が現在の豊かな食を作り出したと聞いて感動しました。あれは食べられない、これは食べられるという選別は自らの健康を秤にした実験だったのかもしれません。最初に「ナマコ」を食べた人の冒険心や、雑草と野草の紙一重の微妙な食べ分けが、私たちの食の財産を作り上げてきたという人類の食の歴史を実感しました。

しかし、辰巳さんには、美味しいに関して逆の表現もあるのです。美味しいマズイは時代遅れというものです。一見矛盾と思われることが心の奥底では統合していることも辰巳さんを理解する手がかりです。共通しているのは食の意味。いのちを持続する根源であるという事実です。美食やグルメに対しては批判的で、話題になったミシュランの☆についてこう答えています。

「おいしい、まずいの視点では時代遅れね。ものの世界に対して誠実か否かを調べたらいいんじゃないですか」(※02)

すべての民族が、それぞれ生きていきやすいように取捨選択して食の方法を築いてきた。それが食文化です。だからあだやおろそかなことで食文化が形成されたわけではないのです。(※01)

*家事は本当に虚しいか

辰巳さんは、誰も何も言わずに繰り返してきた台所仕事に、いらだちを抱えてきました。そのいらだちを相剋と表現しています。台所に立って家族のためにご飯を作る人なら誰でもが考える疑問です。効率が悪く、報いられない時間を浪費しているのではないか。創造の喜びを感じられない。虚しい空しい……辰巳芳子が納得のいく答えを得たのは、考え始めて約十五年後でした。この確信があってその後の辰巳芳子の全活動が積み上げられていきました。揺るぎない辰巳ワールドの土台は長い自問自答の末に作られたのです。時間の積み重ねが力となって実を結ぶのです。まあまあで済ませずに、心にひそむ魔に向き合った辰巳さんの真骨頂です。

（略）私は自分が活字病であった若い頃を思い出します。

その頃、大世帯の台所には手伝いが二、三人はおりました。それでも際限のない台所仕事に勉強を妨げられると、人はなぜ食べるようにできているのか、作るのに二時間、食べるのは長くて四十分、後片づけは一時間。これは一種の矛盾ではないか、全く受け入れがたいと、内心の相剋をぴりぴりと額に表わしたものです。（※03）

私たちは何か問題があると、個別的、具体的に対処しようとします。ミキサーや、食器洗い機などの電化製品を使い、買い物もインターネット、食材も加工してあれば効率的だ、などなど。しかし、技術的な解決は本当の解決ではないと思います。辰巳さんは、近道をせずに、問題の立て方を変えることで事の本質に迫りました。

物事はいずれの分野においても、根源的に思索され、行われなければなりませんが、ことさら「食」においては、「人はなぜ食さねばならぬか」ということをできうれば科学的に考察、立証していただきたく望みます。

そこにおいて、把握されるところは、「いのちの仕組み」であります。呼吸と等しく、いのちの仕組みに組み込まれている、食べること。この自明は、どこまで明らかにされておりますでしょうか。（略）

すなわちこの命題を生きると、真の意味で人は何故生きるのかという根源に容易に至りつき、人間の分際も明らかになるのではないかと、考えられてなりません。（略）

根源から離れぬ者は、簡潔に歩めます。幼児のごとくならずば、神の国に入らざるべしとは、このことかと存じます。（※04）

辰巳さんは、台所仕事の相剋は、人は何故食べなければならないかを考えることで克服できると考えたのです。最初に出した答えが、食は呼吸のように生命の仕組みに組み込まれているというものでした。しかし、本当には胸に落ちないままに長く悩み続けていました。妥協しないで、答えを求めました。

私は十年このかた「人はなぜ食さねばならぬのか」という課題を持ちつづけていた。

そして、自分なりに「それは呼吸と等しく生命の仕組みに組み込まれている」。多少の体験と知識で言葉中心に組立て、自己納得させていた。しかし、「仕組み」という言葉の事実に、一歩も迫ることは不可能であったから、「私は何にもわかっていない」。食に携わりながら、根源がわかっていないという「自戒」を抱きつづけていた。

自戒は大切にした。大切にしていないと答えを見逃すから。（※05）

辰巳さんは、分子生物学者・福岡伸一氏の著作で、シェーンハイマーの動的平衡という学説に出会い、積年の疑問が氷解しました。それまでは食はカロリーと栄養学で捉えられていました。しかし、シェーンハイマーは、そのメカニズムをさらに一歩進めて、人は何故食べなくてはならないかを科学的に解き明かしたのです。普通の窒素より重い重窒素を使ってアミノ酸に標識をつけました。そして食べたものが体のどこに行ってどう変化するかを追跡したのです。その結果は生物学的な常識を変えるものでした。生き物とは、常に食べ物を分子レベルまで分解し、体のあらゆる部分に供給し古いものは壊れて排泄される。いのちは食べたもので新しく入れ替わり維持されている。外見は変わらないように見えるが、中身は常に変化して更新されている。それを動的平衡という言葉で説明したのです。生きているということと、食べることは生命現象の裏と表だったのです。以下は、福岡さんの言葉です。

「生物体は成熟後は比較的安定した〝内燃機関〟として作動し、食物はそのエネルギー源となる」というのがそれ以前の常識でした。実際、現在でも私たちの実感はこれに近いと思います。ところが実際は違っていた。食べた食物は瞬く間に分子のレベル、ひいてはそれ以下のレベルにまで分解され、安定なはずの内燃機関たる生物体もまた驚くべき速度で常に分子レベルで解体されていました。そして食物中の分子と生体の分子は渾然一体となって入れ換わり続けていたのです。つまり、分子のレベル、原子のレベルでは、私たちの身体は数日間のうちに入れ換わっており、「実体」と呼べるものは何もない。あるのは「流れ」だけということがわかったんです。(※05)

流れという感覚は難しいかもしれません。それは、いのちが、生と死の二元論的に見えるからです。しかし、例えば仏教では、生命とは過程(プロセス)と考えています。生まれた瞬間から人は死に向かい、生と死は同居しています。爪や髪は伸びますが、いつかは切られていのちを失います。そしてまた生えてくるのです。生命体は複雑なバランスの上に成り立つ存在なのです。身体は常に変化しているのに、あたかも不変の実体が存在するかのように見えています。それをシェーンハイマーは動的平衡と名付けました。ここで、いのちと食べることが繋がりました。

食ということは、あまりにも当たり前なことですので、つい日常茶飯の扱いになりま

す。でも、本当を申しますと、日常茶飯ほど、これなくしてはやれない、生きていかれないことが多いのです。特に食は、このごろその様相を示してまいりました。料理は、本当に食の一端でございますが、ですけれども、その小さな一端にありながら、生きていく全体に対して一つの影響を及ぼしてまいります。(※06)

台所に立ち、家族のために尽くす人たちを励まそうと考えた辰巳芳子さん。身体の仕組みを確認できて、やっと宿題が解けたと笑顔を見せることができました。その道も、すべてを自明としないで、ラジカルに問題を突き詰める姿勢から拓けました。彼女の一つの凄さです。

＊スープの本に『あなたのために』とつけた本当の意味

『あなたのために』。スープ教室の集大成として2002年に発行され、今も多くの読者が愛読する一冊。この副題に、初めて〝いのちを支えるスープ〟の言葉が使われています。そこからいわゆる「いのちのスープ」という表現が広がっていきました。

スープ教室は辰巳さんの自宅で月に一回開かれていますが、希望者が多く、十年先まで新しい生徒さんは入れないのが現状です。この本のタイトルにはどのような意味が込められているのでしょうか。

以下は映像のイメージがまず浮かぶ僕の妄想として読んでください。

教室と本のタイトルを見ながら、僕は、京都東山の永観堂のみかえり阿弥陀仏を連想しました。小さな仏像ですがごく自然にお顔を左後ろに向けて、あとに続く信者たちを見つめています。人間的でやさしい中に、清潔で凛とした空気を感じます。

僧・永観が修行しているときに、阿弥陀仏が永観を振り返って「永観、おそし」と言葉をかけられたという幻影を見たという言い伝えがあります。

平安から鎌倉への末世・乱世の時代、南無阿弥陀仏の念仏六文字を縁として人々を救済しようとする浄土宗が起こりました。永観堂には幻影を形にしたような小さな阿弥陀仏があります。

永観は千載和歌集に「みな人を渡さんと思う心こそ　極楽にゆくしるべなりけれ」という歌を残し、寺の紹介にはこの歌の解釈が書かれています。

自分よりおくれる者たちを待つ姿勢。

自分自身の位置をかえりみる姿勢。

愛や情けをかける姿勢。

思いやり深く周囲をみつめる姿勢。

衆生とともに正しく前へ進むためのリーダーの把握のふりむき。

とあります。

スープ教室での辰巳さんのいくつもの顔やお話を聞きながら、この教室は人生の修行の場でもあることが分かってきました。それを主催する厳しさと慈愛が共存する辰巳さん。

本にはスープへの思いが語られています。

・最も切なる願いは――

家庭生活の愛と平和を、おつゆもの、スープが、何気なく、あたたかく、守り育ててくれますように。スープは家庭生活のとりでであるとさえ思います。

この願いは、私のみならず、スープ教室の直弟子一〇〇名余の願いでもあります。

（略）この本の処方は、多人数のスープ教室を六年間続けるという練習量の中で、改良安定させたものです。本書の最大の特長と申し上げられます。

人の生命のゆきつくところは
愛し愛され、一つになることを願い
それをあらわさずにはおられぬ仕組みを
生きるところにあると思います

人間の尊厳も自由も

互いに愛惜せねばならぬ根源も
ここに、見いだされてなりません

これが、スープの湯気の向うに見える実存的使命です。（※07）

僕はこの映画の柱として最後の一行を意識してきました。

教室で生徒たちは、辰巳さんの一言一句に集中していますが、辰巳さんの最初の質問「この前に、お教えしたスープを作った方？」に手を挙げる方はパラパラです。

そこで辰巳さんは、「あなたたちはなんて甲斐がない人たちなの。だから女性は駄目なんです」と怒りの一言とため息がでます。

でも気を取り直して、「誰のためにあなたたちはスープを学んでいらっしゃるのでしょうか」と核心の問いが続きます。

これが、この本のタイトルの意味だと思います。


若い方々の中には、煎じ仕事——炊き出すなど辛気臭《しんきくさ》く、自分の暮らしには不必要と思う方があるかもしれない。しかし、元気な人々も疲労にさいなまれる日があろう——大人は見落とすけれど、子供でさえも疲れはある。

まして、いたわらねばならぬ生命への対応は、いつ我が事になるかわからない。他人事ではないのである。身についたものがなくては、いざの時、意のままにならぬ自分を嘆くことになる。

愛につられ、無心に、
よくなるように、よくなるようにと、
鍋中を見守る。
いつしか天は、用意のある人をつくり、
いざの時、必ず、手を差しのべる。（※07）

誰かのためにていねいに作る料理は、食べる人を喜ばせて、いのちを安泰に過ごす大切な行為です。最初のあなたは、このスープを口にする人です。

しかし、辰巳さんの真意は違います。台所に立ち、スープを作る本人を「あなた」と呼びかけているのです。教室での辰巳さんの情熱は、かつて母が辰巳さんを育て、生活の規範をきめ細やかに叩き込んだ家族の時間と重なるようです。

教室での厳しさは、ここに集まる生徒たちすべてが、人として完成し高みに登ってほしいという願いが込められているように感じられてなりません。

そうすると、やさしく後ろを振り向いて「おそい」と呼びかける仏の姿をイメージしてしまうのです。「永観おそし」。辰巳さんが時々こう語ります。

私にはそれほど時間が残されていないのよ。

＊進化し続ける、いのちのスープ

スープには長い物語があります。嚥下障害の父のために工夫を凝らしたスープを毎日病院に運んだことが始まりですが、実はその前史がありました。四十歳を過ぎ結核から回復した辰巳さんは、母の手伝いで料理を教え始めました。母の奨めで、その頃から宮内庁大膳寮の料理人だった加藤正之氏にフランス料理を学びました。期間は十三年間。正統派のフランス料理を、一点一画崩さずに伝授されたといいます。

辰巳さんは、料理だけでなく哲学も学んだと書いています。繰り返し繰り返し、秩序に従って味を作っていくことで、自分の中にも安定したモノの道理が備わってくる。仕事が人を作っていくのだと納得しました。

料理を学ぶ中で、加藤氏が重視したのがスープでした。宮内庁で提供する料理は、両陛下や国賓が召し上がるものですが、その献立の最初はスープです。

加藤氏は、「自分はスープと野菜で十年勉強した。だからスープが出来れば肉や魚は明日にでも出来る」というのが口癖だったといいます。


私のスープの歴史は、四十余年前にさかのぼる。私のフランス料理の師匠は、加藤正之先生。スープと野菜で十四年の修業をなさり、宮内庁大膳寮で秋山徳蔵先生と共に仕事をされた。かのポール・クローデル（駐日フランス大使だった）が、大膳寮の料理を世界一と絶賛した時代と重なる。先生は完全献立で教えられ、スープはコースの最初に供し、料理全体の幸先を示すからと、細心の注意を払われた。

先生のスープに対する態度は、当然私にのり移った。スープをつくっていると、先生の言葉が耳によみがえる。十三年の稽古だもの。

先生も母も亡き後、スープは一見みなし児になるかと見えたが、いのちをかけて養われたものは芽吹くものである。（※08）

一碗のスープに込められた年月と工夫、ローマは一日にしてならずです。辰巳さんの特徴は、技法よりも精神から料理のあり様を会得しようとする姿勢です。

「私が得たのはスープに向かう魂の態度であったと思う」と話しています。

その土台があって、入院した父への看病が始まります。父は、1972年に脳梗塞の発作で倒れ、麻痺で食べ物が喉を通りませんでした。母と娘は、その後の八年間スープを支えとして父のいのちの灯火を絶やしませんでした。結婚して半世紀、父は母の心を込めた料理を楽しんできました。しかし、突然の発作と喉の麻痺。入院生活で、口にするのは病院食となってしまいました。辰巳さんは病院での食事の実態を知り、何とか父に食べる喜びを与えたいと思います。

「父が発作の後入院した病室で、枕もとに届くのは煮干しのにおいでした。私は、このような食事を出さざるをえない病院は、貧困と思いました。スープさえあれば、刻み食、ミキサー食と縁が切れるんです」(※09)

同居する僕の母は、辰巳さんよりも一つ下で大正十四年生まれです。時々介護付きの有料老人ホームに知り合いを訪ねます。帰宅していつも言うのが、「魚も野菜もミキサーにかけて形がないので、何を食べているのか分からない。歯が悪いのでしかたないのかしら？　食欲も出ないので、箸をつけずに残す人がいてもったいない」

食べることが至上の楽しみの高齢の方たちにとって、辰巳さんはいくつもの手立てを考えています。例えば、多種多様なお茶、おかゆ、そしてスープなど。撮影中に辰巳さんが父の枕元にスープを運び続けた日々を話してもらいました。

不自由になると、多種類のものをいただけないんですよ。スープは、多種類の栄養をひとつにまとめてある。それで、ああいった状態の人々には非常に有効ですね。

まあ香りのものが好きな人だったから、ゆずとか木の芽とか、寝ていて、季節の変わり目を庭に出るわけにもいかない。それをお椀ひとつの中から感じるのは、それは日本のいいところですね。そこに患者と看護するものとの間に、そうねえ、和やかさがあるでしょうね。

スープが作れるってことで、看護するほうも、それからされる方も、非常に生きていきやすいってことは確かですねえ。


看病の途中で、夫より一秒でも長生きをさせていただきたいと祈った母が先に亡くなり、その三年後の１９８０年に父も世を去りました。辰巳さんのスープの物語の前史はここでピリオドを打ちます。しかし、そこから家族を超える次の物語が始まります。

辰巳さんは父を亡くしたその年から、病気で寝ている人たちへのスープの提供を始めます。料理を教えていた生徒さんと協力して、鎌倉のタケダ訪問看護クリニックでの約30人分のスープサービスのボランティアを続けました。１９９６年には、後継者の養成を目指して、自宅でのスープ教室を開始。辰巳芳子、七十二歳での新たな仕事でした。同時並行して、本の執筆。父の看護でスープの力を確信した辰巳さんのあゆみは続きます。

私は、母の心づくしのおつゆもので守り育てられました。

しかし、おつゆもの、スープの本を書くに至った情熱は、父の八年に及ぶ、言語障害を伴う半身不随の病苦であったと思います。

病苦の中の嚥下《えんげ》困難が、スープと結びつきました。

嚥下困難は、とろみに欠ける液体、または口中でまとまりにくく散ってしまうものがむせることを招き、むせれば食事は中止となります。

病院では、これに対応する食事の配慮は皆無で、特に親切のつもりの刻み食はいかんともなしがたいものでありました。

さらに衰弱は、食事することさえ労作であることが見えました。

一椀の中に、魚貝、野菜、穀類、豆を随時組み合わせ、ポタージュ・リエにしたものは、病人も私も安心の源でした。

例えば冬は、父の好む香り高いもの——セロリとひらめの酒蒸しのポタージュ・リエに。パセリのクロロフィルを落とし、吸飲みですすめました。夏の夕方は、冷たい、病人向きのガスパチョで一息入れてもらったりでした。

父は忘れえぬ笑顔で、応えてくれました。(※07)

物語は、医療の場への提供と助言、被災地への温かいスープの提供など、広く豊かに続いていきます。映画で紹介した、国立ハンセン病療養所・長島愛生園では、親友を看取るため、宮﨑かづゑさんは毎日スープを作り続けていました。家族の一個人から始まった愛の物語は終わりません。

*国の底が抜けた

2011年、映画の制作にあたり文化芸術振興費の助成に応募しました。その企画意図の中で辰巳さんが事あるごとに話している「日本の底が抜けた」という言葉を引用しました。辰巳さんの警鐘は、日本人はどこへ行ってしまうのか、家庭や共同体の中で幾世代を超えて伝えられてきた根本が忘れられてしまったという嘆きです。

最初僕は、この言葉を食料自給率と関連して理解していました。企画書でも、「辰巳さんは自分たちが食べるものは自国で賄う必要があると考えている。その理由はいのちの根源である食を外国からの輸入に頼るのでは、独立国として世界への発言力がないからだ」と書いています。しかし、辰巳さんの表現を見ていく中で、「底」という言葉が広く使われていることに気づきました。日本の底が抜けたには、辰巳さんならではのニュアンスが込められているのだということが分かってきました。例えば、白和えのレシピはこのように書かれています。

失いたくない日本料理のなかに「あえ物」があります。ごまあえ、酢みそあえ、白あえなど。つつましいものですが、他国には類のない、秀美の一つです。

読者のなかには、あえ物に縁遠い方もいらっしゃると思います。まず、言葉の解説を通して、料理の本質にふれていただこうと思います。

「あえる」と「混ぜる」を、日本料理では使い分けています。「和《あ》える」と表現する場合は、「和」という文字を用いてまで、この手法の目的をいいたかったのだと思います。個々の異質の具を、衣で合わせ、混然一体とし、そこには、なごみさえ感じさせるように、との意味です。（略）

今回の「白あえ」とは、豆腐地のあえ衣で、日本の素材の言い知れぬやさしさをあえたもの。思いやれば、日本大豆独特のうまみが容易に生んだ、豆腐の底味から生まれるべくして生まれた、愛すべき風土の味わいです。（※10）

辰巳さんは、例えばご飯を炊くときにも、釜にちょっと梅干をつぶして入れると、ご飯の底味がつくと話しています。さっそく試してみましたが、本来のお米の味が口中にほのかに広がるような感じがしました。

現代は他との違いを強調するのが個性と思われるような社会です。目立たないものには注目が集まらず、刺激のある派手な演出がもてはやされています。ネットでの情報は意味よりは、目新しく新奇なものがもてはやされ、皮相だけが上滑りし、すぐに忘れられていきます。今日はなかなか明日に繋がりません。こんな時代だからこそ、拠りどころが求められています。それが、辰巳さんの感じる底の位置づけではないでしょうか。国の民度は、頂点で見るだけではなく、共有され伝承されていく底辺にあるのではないでしょうか。

株の相場で、底堅いという使われ方がありますが、下げ続ける株価が、ある値で留まることができるのが、会社の実力なのです。では、底が抜けるということは何を表しているのか。以前から辰巳さんが警鐘を鳴らしてきた原発ではこんな言葉があります。

辰巳さんは今、戦時中とは異なる食卓の危うさを感じている。作物の成長に影響を与える気候の変化、輸入作物を中心とした農薬、作物の遺伝子操作、旬を顧みずに一年中栽培される野菜……。また、「これだけ原子力発電所を増やして、もし核物質で土壌や海が汚染されたら、食物は形はあっても食べてはいけないものになる」（略）（※02）

辰巳さんが話した「形はあっても食べてはいけない」が、鍵だと思います。美味しそうに見えても毒にまみれた作物や魚貝を未来の子孫に手渡すのでしょうか。一見繁栄し、ものが溢れる豊かさには、表と裏があり、上辺だけを飾っても、見えないところに落とし穴があります。底が危ないのです。植物は空中に伸びている茎や枝は健やかに見えても、根が弱く貧相なら実りは貧しいものになります。

辰巳さんが、教室でも講演でも事あるごとに問いかけるのは「この中で、だしを引いている方、手を挙げて！」です。十回近くその質問を聞きましたが、手を挙げる人は僅かです。スープ教室でも、半数ほどかもしれません。辰巳さんは、そこに国の底が抜けたと感じています。辰巳さんはこう考えます。日本ほど簡単にだしがとれる国はない。外国は長い手間ひまをかけて、牛の骨や鶏のガラを、野菜と煮詰めてブイヨンをとり、すべての料理やスープを作ります。それなのに昆布とかつお節で簡単に万能のだしがとれる日本の素晴らしさを、なぜ手放そうとしているのか。南北に伸びる島国だからこそ、生まれた風土の恩恵を両手に受け止めるのが、民族の知恵です。

あるスープ教室で、辰巳さんは日本食の素晴らしさは小鉢物、特におひたしにあるのに、まがいものが横行していて悲しいと話しました。和食の共通分母が、だしです。そこを手放すことが、底の問題です。さておひたしとは。

（略）本当のおひたしは、おいしいだしに好みの味加減をし、これに菜をしばらく浸しおき、食卓に出すとき、切って、軽く絞り、上から調味だしをかけ、しっとりと菜を食べる方法です。

ゆでた菜に花がつお、しょうゆを落として食べても「おひたし」。この食べ方のどこにも浸すという仕事は見えません。（※10）

第二章　辰巳芳子に学ぶ、歳の取り方

＊二つの仕事をする辰巳芳子の手

仕事で出会った方と握手をするのは、その人を知る大切な接触だと思っています。経歴や文字化された情報は、机に座っていても知ることができますが、その相手の身体や手はそこからは知りえない多くのことを教えてくれるものです。

以前何度か番組を作った、作家の辺見庸さんにこんな話を伺いました。勤めていた共同通信の特派員時代のことです。なかなか実像が伝えられていない要人に、インタビューが許されると、まず握手をします。中国の鄧小平は、辺見さんの手をギュッと握らず小鳥でも掴むような省エネの握手をしたそうです。辺見さんは下っ端の新聞記者を相手にした鄧小平の現実的で合理的な人物像を感じたようです。

辰巳芳子さんの手は、ふっくらと芳醇で柔らかいと感じました。骨や筋肉は表には感じられずに、温かい感触だけが残りました。しかしその芯にはなにかしっかりとした存在感があるのです。

料理をするときの辰巳さんの手は、感覚が研ぎ澄まされて食材の微妙な差異を見分けます。調理では指の一本一本から手のひらまでを全部利用して、自在に使いこなす万能の道具となります。

辰巳さんが手を使うもう一つの仕事は文字を書くことです。パソコンは使わず、使い込んで短くなった4Bの鉛筆を使って文章を書いていきます。マス目の中にきっちりと収まる文字ですが、どことなく定型にとらわれない自由な人柄を表す温かみがあります。手仕事から、文化が作られることを、辰巳さんの手は、証明しています。映画の完成後に取材を受けた「ほぼ日刊イトイ新聞」の取材での話です。


手の感触をつうじて、なにごとかを成す。それが「手仕事」です。

彫刻家の佐藤忠良先生も、舟越保武先生も、「触感（しょくかん）というものは文化を作る」ってね、おっしゃっていて。

そう、「触る感じ」ね、触感が、文化を作る。なかでも私は、お料理がいいと思うの。

毎日のことだし、とても大切なことだし、「触る」だけじゃなくて「五感」を総動員するものでしょう？

五感というものも、ただ感じるだけじゃない。つまり、五感を使うときは、知識や経験、その裏付けがあってこそなのね。

そうやってはじめて、五感が「気づき」というものを与えてくれる。（※11）

辰巳さんの文章は、辰巳語とでも言えそうな独特の文体で書かれた雑味がない深みのある文章です。同じことが辰巳さんのスープにも言えるように思います。言葉と料理、辰巳さんの二つの世界が同じ手で作り出されているからです。映画を撮りながら、意識したのは辰巳さんの手が醸し出すスピリットでした。

映画の撮影前の考えをまとめたノートでは、手と手のひらの映像が映画の骨となるだろうとメモしました。そして手には、いくつもの力があると思いました。

祈り……合掌

創造……芸術・言葉を書く・料理

伝承……世代・先生と生徒・時間

つながり……握手・愛

辰巳さんは、さらにこんな話をしています。

食べ心地をつくっていくということは、最もプリミティブな自由の行使です。そして料理を作ることは、自然を掌中で扱うことなんですね。それは人間のみに許された厳粛な行為なのだと思います。

よい日本料理は、よい日本語と似たところがあると気づきはじめている。

もとを正せば、言葉も食べものも、風土のいとし子であるのに。

美しい日本語はこの国のすがた、かたち、人々の営みを微妙なテニヲハと、ゆたかな

形容詞で表現し、生まれ育った者たちの思考を導き、喜び悲しみに方向を与え、詩歌を育て、祈りをもささえた。（※12）

＊母の記憶は手の記憶

映画では、辰巳芳子の手を至近距離からレンズに収めようとしました。

「文字は人なり、手は人生なり」という副題で、２００７年に出版された『〝手〟をめぐる四百字』（文化出版局）という本があります。各ジャンルを代表する50人のエッセイが自筆で綴られています。辰巳さんと同い年の染織家の志村ふくみさんはこんな文を寄せています。

「手の先に神が宿る。」という言葉をきいたことがある。手先の感触、すぐれて身体的である。身体は生命に通じ、手先に生命の先端が宿る。（略）手はその人の願いごとに従《つ》いてゆくとも聞いた。こゝろざしかたく生きているその人に手はどこまでもついてゆくと。

映画を見た多くの人たちが、辰巳さんの手に惹きつけられたと話してくれます。辰巳さんは、この本で母の手の思い出を書いています。

非のうちどころない刺身でも、生魚を口中で賞味しうるのは、五ツ噛み程が限度と思う。特に「握りすし」の味は、材料満点でも、この間が缺けては話しにならない。母浜子は恵まれた寸法感覚を持つており、乱切りを一気に、均等の目方に切つてみせた。備はつた感覚で、自分も楽しみ、人をも喜こばせたのは「握り」だつたと思う。十人から十五人を相手に、談笑しつゝ華やぎにみちて握りつゞけたものだ。女に鮓は握れないと云うが、母の鮓を召し上つた方々は、後々の語り草になさつた。私もあれだけは—あれだけは母と共に逝つてしまつたと思う。その最もの特長は、相手の口の寸法に合はせ、御飯にして何粒かを、自然に手加減することだつた。このように心掛けているとは云はなかつたが、お年寄りや子供らの口の動きを見ればわかつた。「口中の寸法」それは乳首を含ませた者のみが識る直観力かもしれぬ。（※13）

母の手に見惚れる娘。母へのオマージュの一文です。父と母の長女として生まれ、母の乳房から母乳を飲んだ記憶をいつまでも持っていたような文章です。辰巳さんは、傍らで母の手元を見つめて育ちました。辰巳さんにとっての母の記憶は、生活の様々な瞬間に見せる手の表情でした。母がお萩を作っていた時間の記憶です。

「半つきご飯は、このように左手に預け、手をひきしめるようにして握りだす。もとのご飯の大きさを揃えねば、でき上りは同じようにはならない」（略）「なれれば、そんなことはしない。けど、なれるまでは、手に覚えさせないと」

母の横に膝をそろえ、母の片時も休まぬ手元を見よう見まねしつつ、私のおはぎの数を数え、うれしかった。

左の掌にあんを平たく楕円にのばす。その中心に、同じく楕円にかたどったご飯をのせ、あんをきせてゆく。右手の、小指に連なるやわらかく敏感な掌のふちを、おはぎの裾にあてがい、回す。するとあんは、しぜんしぜんにご飯にまといついてゆく。（略）

もの創りの分野の中で、もっとも多様な手の動きと力の使い方を求められるのは、料理ではないかと思う。それは、かけはなれているようだが、手のあらゆる機能を駆使し、手を使うべきように使う点において、音楽の修業と類似しているような気がする。（※03）

映画が完成して、新聞、雑誌、ＰＲ誌などの取材が続きました。その中の一つが英字新聞のジャパンタイムズです。４ページ全面の特集企画が組まれました。そのタイトルが「ＣＯＯＫＥＲＹ ＧＵＲＵ'Ｓ ＷＩＳＤＯＭ」。料理界のカリスマ的指導者の叡智、というようなニュアンスでしょうか。僕は辰巳さんの手の動きを撮影しながら、鍵盤を動く指先を連想していました。作られる料理の味がイメージできるようなＧＵＲＵの手の動きと、奏でられる楽曲が聞こえてくるような名手の手の動き。辰巳さんはテレビを見るのも大好きです。NHKで世界の巨匠が若い弟子に指導する様子を構成したドキュメンタリーを見て感じ入ったといいます。例えば、楽想の理解は料理の性格と献立全体の流れを掴むことに相当し、気構えや気配りは、食卓を囲む人々の様子を読むことと近いと感じました。では、巨匠と若い生徒の違いはどこにあるのか、辰巳さんはこう書いていま す。

先生と生徒の大いなる差は、呼吸であった。先生は鍵盤にふれる前から曲想にむけて呼吸がととのい、曲が終わるまで曲そのものを呼吸しておられた。先生と生徒の越えがたき距離といえるかと思う。

(略)母のかたわらで作ったおはぎ。あれは「バイエル」だったかもしれない。(※03)

＊死ぬことを恐れることはない

２０１２年に米寿を迎えた辰巳芳子さん。少しずつ人生の残り時間が少なくなっています。人にはいつかは尽きる寿命がある。辰巳さんには、死に方の覚悟もあるに違いありません。

ちょっと皆さんと違うのかもしれないわね。やっぱり、神のもとに帰るっていう考えしか持っていないですね。理屈じゃないんだけど、懐かしさもあるかもしれないわね。懐かしいところに帰っていくっていう……。

河邑さんにお話ししたことないけど、去年から朝、目覚めると宇宙の中に自分を位置づけ、宇宙の中のひとかけらであると意識するようになったのよ。宇宙の中で自分はどんな役割をするか分からないけど、その役割を果たさせてください、そんなお祈りをしてから起きるんです。

皆さんにね、申し上げたいのはそれをやり始めて気がついたのはね、失うものはないんですよ。宇宙の無限の中に自分を置くとね、失うものはなんにもない、で自分を取り囲むいろいろな、所有しているかのごとく見えるものって預かり物ですよ。お預かりしているものに過ぎないね。

星の元素と人間の元素って同じなんですってね。それを考えると、こうでならなければならないから解放される。解放されたような気分でいるんですね。無限性とか永続性の中に自分を位置づけるといろいろこだわりのない新しい世界が広がると思うのね。

辰巳さんは、家族の死をたくさん経験してきました。最初は、五歳での祖父の死です。死をなかなか現実のものとして受け止められない幼いときに、辰巳さんは死の悲しみを知ったのです。早熟で多感な少女は、祖父の死を受け止めようともがきました。

辰巳芳子は、父芳雄と母浜子の長女として、１９２４年に誕生。金沢加賀藩の重臣だった辰巳家は、その当時複雑な家族関係の中にありました。祖父・一（はじめ）は三人目の妻と最初の結婚で生まれた娘や、何人かの子孫と暮らしていました。東京下町の開放的な家庭で育った浜子は、全く違う環境の中に嫁いだのです。婚家では嫁いじめのような日々もあり、結婚後一年で体重は15キロも痩せたといいます。若い両親がストレスを抱えて過ごした中で、祖父は、聡明な孫・芳子に愛情を注ぎ、見守りました。芳子は、両親の元よりは祖父の膝の上で育ったといいます。祖父は明治維新の功労者でありながら、困難が多い人生を過ごしていたのです。屈折した祖父も、孫娘との時間を心から愛おしみました。


父は、二番目の妻の次男として生まれた。長男は結核で死亡。あとは全部女性で、家に叔母がたくさんいる複雑な家だった。

母浜子が料理上手になったのは、それらの人々に、経費をかけずにひととおりのものを、いかに食べさせるかというので、料理上手になったと思う。

お盆なんて大変。大きなたらいに氷を入れ、冷やし汁粉を作っていた。オールみたいなしゃもじで鍋にいっぱいのあんこを練っていた。

厳しい小姑がいて苦労していた。「嫁は玄関から家に入っては駄目」とまで言われた。

あまり知られていませんが、辰巳さんの人生にとって祖父の存在は大きなものでした。辰巳さんが、なぜいのちの意味、愛することを、考え続けるのか。取材を通して、その原点が幼児体験にあるように思われました。

祖父の影響はありすぎるくらいあるわ。毎朝、祖父は私を迎えに来てくれた。祖父のところに泊まる日も多かった。亡くなるまでは一日も祖父と離れないで過ごしたと思う。親よりも祖父と一緒にいる時間のほうが長かったわね。祖父が亡くなった後の空虚感。それは、子供が味わってはいけない空虚感だったと思います。

その空虚をどう埋めていいか分からない。子供は言葉を持たないから、自分の胸の中のうつろになったものを、そこに代わりのものを入れることができなかったのね。親では埋まらないと思う。親はどんないい親でも、年取った者が幼いものを相手にする、一種独特の見通しや深さをもっていのちと接することは難しいかな。

祖父が亡くなってから、高校一年生くらいまでは暗闇の中を手探りで歩いているような感じをいつも持っていた。埋められないのね。親もそれを分かっていてね、代わってあげることができないと思っていたみたい。

小学校の三、四年かな、母の里に遊びに行ったのね。奥沢で、周囲は麦畑でした。吹く風のうなる音を覚えている。かくれんぼを母の妹たちとしていた。そしたらね、麦の穂を渡ってくる音が自分のむなしさに突き刺さる感じがしました。麦の頃だから暖かい、この風が、なま暖かいから余計胸苦しいと思った。そう思いながらも遊んでいたのね。胸の中はそんなふうだった。普通に遊んでいたけどね、いつも心はさまよっていた。

辰巳さんの、大きな心の空洞を埋めたのは、信仰でした。高校二年のときに洗礼を受けます。洗礼名は「テレジア」、神に愛されていると感じることで、ようやく落ち着きを得たといいます。

＊夫の戦死と辰巳さんの選択

映画を始めるにあたって、第一章の「ラジカルな人」に書いたように、辰巳さんは自分のプライベートなことはあまり扱わないでほしいと話していました。しかし、僕は、辰巳さんの奥深くにある核心に触れたいと考えていました。何度も話を聞き、映画の構想を話している中で、辰巳さんは今まで紹介されていなかった戦争体験について口を開いたのです。矢内プロデューサーが夫の雲仙での不慮の死、その現場へ足を向けることの出来ない気持ちを話した折に、辰巳さんも運命と愛について改めて伝えようという気持ちが動いたように思えました。辰巳さんには語られなかった過去がありました。そして、カメラを前にしてのインタビューが２０１１年の八月に実現しました。

直前まで、辰巳さんには話すことへの強いためらいがありましたが、一度決めた後は堰を切ったように六十年の歳月がよみがえってきました。

私、結婚生活について何もお話しすることはないんだけどね。あんまり短くてお話しすることはありませんけどね。

まあ、若い方たちに、それもひとつの参考になるっていったらおかしいけど、そういうこともあるのかなあと、どこかでどなたかのお役に立つことがあれば、お話ししてもいいのだけど、あんまり興味の対象にはされたくないのね。

そうねえ。あれは、そうねえ。千賀さんちょっとハンカチをちょうだい……。

そうねえ、私が結婚したのは昭和十九年ですね。十九年ということはね、そろそろサイパンが落ちる頃でしたね。サイパンが落ちる頃だったと思う。そして……私が婚約した相手はね、早稲田を繰り上げ卒業っていうんですか、昭和十八年の秋に繰り上げ卒業して、豊田の自動織機で働いていたんですね。私はね、その頃は保母学校の最終学年にいたんですね。それで二月に結納を交わしたと思うわね。十九年の二月に。そうして三月に教育召集っていうのが来たのね。教育召集っていうのは九十日間でね。で、まあ一度兵隊としての教育を受けに行って、そして帰して、必要に応じて本当の召集をするっていう、そういう制度があったのね。で三月に教育召集が来て、どうしようか、っていうことになって、父はね、とにかくこういう不安定なときですからね、いろいろなことが落ち着いてから結婚するほうがいい。それはね、父は日支事変にとられて、戦争ってものを知っていたからね、父が言ったことはとてもある点で正しかったと思う。

別に私は父の言ったことに反対の意見を唱えたとかはぜんぜんないんですよ。ただ、そういうような、どうしたらいいかって相談をしたときに、私は席にいなかったのね、行かなかったの。お仲人さんと親同士の話で、彼はその席にいた。それで帰ってきて母がお父様がこういうふうに言ったらば、涙を見せた、そのことを母が言ったのね。

それを聞かなかったなら、私はお父様の言うとおりにするわって言ったかもしれないの。ただ、涙を見せたっていうことを聞いたものだから、さあねえ、死ぬかもしれない人を泣かせっぱなしっていうのはよくないんじゃないか、っていうところに自分の気持ちがひっかかったのね。

祖父の死で味わった空白感が強く残っていた辰巳さん。他の人にも埋まらない空しさを味わわせたくない。辰巳さんは父の反対にもかかわらず結婚を選びます。戦況は悪化し、男たちは兵隊にとられれば死を覚悟した時代。結婚後、わずか三週間で夫は入営します。

「死ぬかもしれない人を泣かせっぱなしっていうのはよくないんじゃないか」という気持ちが生み出した新婚生活三週間という時間の重さと輝き。

人は死を前にして、どのような物語を作れば納得できるのか。辰巳さんは、新郎の心にかけがえのないいのちの手応えを創り出したと思います。人は死に赴くには理由が必要です。昭和十九年の公式の物語は、お国のため、ひいては天皇陛下のために国を守る。二十代の若者は、一人一人が葛藤の中から、国から与えられた答えではなく、自分だけの物語を胸に戦地に出かけたと思います。その核心にあったのは、死ではなく生に向かういのちの物語です。残された手紙や日記には、男たちが母や、妹、そして妻のいのちを守るために出征する、そして生きて帰りたいと願う心情が溢れています。その一人が辰巳さんの婚約者でした。父の反対にもかかわらず、結婚してくれた芳子の存在が、彼に希望と笑いを与えたに違いありません。愛すべき存在があることの至福感は、残された短い時間を輝かせたでしょう。永遠は物理的な時間の中ではなく、瞬間の中にあります。

どうしたらいいのか自分でもよく分からなかったから、いっぺん、実際に本人に会ってみて、式をあげるかどうか決めようか、そう思ったわけよ。それで、まあ、会いに行ったんですよ、向こうの家へ。それでね、そのとき、やっぱり、なんというかね、人間っていうものは、そういうようなときの、やっぱり感じ方ですね。感じ方っていうものは、なかなか、人生を決めるときにひとつの大きな鍵になるのね。

私は、これはしかたがない、これは決心するより、決心すべきだなあとそのとき思って、それじゃあお式をあげることにしましょうと言って、それで、式をあげたんだけれど。

もう瞬く間に召集がきて、そしてフィリピンに行ってしまったんだけど、そのときに三隻の輸送船が下関から出た。で、ひとつの船に、ひとつの部隊、３８００人かな、で、主人の部隊だけがたどり着いて、まあ他の船は沈んでしまい、それからたどり着いてからあと、島から島へ、セブ島というところ、島が多くて移動中に空襲を受けて、九月のはじめに亡くなったんだけど、幸いに、中学時代に射撃の選手だったので、お前は機関銃をやるように言われたんでしょうね。空襲ってなったときに、甲板の上の機関銃のところにちょっと、かがんで構えた、そこを撃たれた。だからもう、頭を貫通銃創でいっぺんに亡くなった。でもね、最高の幸せだったと思いますよ。そのときの空襲で死ななかった人はみんなとにかくそこの近くの島にみんな上陸したんでしょ。そしてあと全部飢え死にしたんだからね。

３８００人中帰ってきた人は８人よ。ね、８人。だからね、頭を撃たれて気もつかないうちに亡くなったっていうのは、本当に幸せだったんじゃないかしらね。で私は、しかもその知らせっていうのはね、九月に亡くなったんだけど、十月にもう届いたんです。小隊長さんからはがきでね、制海権と言って、海を制する力を持っていなかったのに、なぜ日本にたどり着いたのか分かんないくらいですね。

で分かったのよね、でまあ、戦争の間はああもこうもなく、日が過ぎていったけれど、世の中がだんだん落ち着いてくると、あのときの自分の判断はっていうことは、いいと思えばいい。間違っていたと思えば間違って見えるんですね。で本当に五十年間答えが出なかったわね。考えっぱなしに考えているわけじゃないわよ。折に触れてふとね、どうだっただろうかと。でやっぱり、自分の判断力というものをずっと疑っていましたね。で戦争五十年目に、NHKがいろんな戦場の風景を放送して、そのときに累々たる兵隊の野ざらしの姿を見てね、あ、よかったって思ったわね。やっぱりよかった。やっぱり結婚してよかった。

帰ってらしたらっていうのは、形としてはね、取り繕ったような形ですけどね、やっぱり違いますよ。あーよかったと思って。で五十年経ってやっとね、いやにね、自分の死んだところを見てほしいというようなね、そういうまあなんていうかしらね、見てほしがっているっていうね、ことを感じてね、それで2000年に、フィリピンのセブ島に行きました。

それでまあきれいなところね。海はどこまでも青く空は真っ青。で、その海をね、夕方夕焼けに向かって船を走らせてもらった。そしたら南太平洋の夕焼けっていうのはね、海全体を覆うような、いつでも毎日出るんだとは思うんですけど、ずーっと夕焼けが私を包むようになってね。そのときに、「ずっと守っていた」っていうね、言葉を聞いたような気がしたわね。「ずっと守っていた」って。で、私もね、さあセブ島に行ってね、私は彼に向かってどんな祈りをささげるのかなって思って、考えていたけどね、考えはまとまらなかったわね。そして海を走っている間に、やっぱり、「私は幸せだったから安心してください」「幸せだったわよ」って言ってあげられたね。それがほんとによかったと思うの。

○亡くなった夫のお名前は？

藤野義太郎っていったのね。だけど考えてみれば、相手も幼いですよね。二十六歳、数えで。大学卒業するかしないかでしょ。幼いもんよ、ね。まあ相手のほうの両親はね、私が五十年もね、自分の判断に答えが出ないでいたっていうことはまあ毛筋ほども思わなかったでしょうね。私の周りの人も、父も母にもね、そんなことぜんぜん言わなかったからね。誰も知りませんね。でも私もね、なんでもそうなんだけど、無理に答えを出さないで生きるのね。これって私の生き方だと思う。分からなかったらいつも分かるまでそのまま置いておく。そうすると少しずつ少しずつ分かってくるんですね。

半世紀経って、夫の戦死したフィリピンに行くことが出来た辰巳さん。同じ戦死でも、夫は幸せなほうだと考える心も生まれていました。もし、銃弾に当たらず、上陸していたら、もっと苦痛に満ちた死に方が待っていました。３８００分の８人になる可能性は小さかったと思います。日本兵は、世界でも例がないことですが、戦闘行為で死ぬより、飢え死にや病死のほうがはるかに多かったのです。陸海軍軍人の戦死者240万人の七割が餓死です。また、これも世界に例がないことですが、遺骨が戻ってきた数、124万5千人にとどまっています。

愛するものを本土に残し出征した藤野義太郎さんには戦争が終わって妻のもとに帰りたいという夢がありました。そして、夢を持ったままでの突然の戦死。お話を聞きながら、義太郎さんの戦死には、どこかで慈悲の光が射しているように感じ、涙が止まりませんでした。

「戦争ね。耕す人、漁をする人、働ける人はすべていなくなった。我が家でも中2の弟までが戦いに出た。木の繊維の服を着て、カエルの皮の靴を履き、大豆のしぼりかすを米にまぜて食べました。戦後、ものは復活したけど、人は帰らなかった」

(略)「死にたくなかった若者の生命の代償こそが、憲法9条なんです」(※02)

辰巳さんは、女学校の友達たちが嬉しそうにお兄さんを自慢していたことを覚えています。妹にとって頼もしい兄たちの多くは戦死しました。若いいのちを無駄にしないためにも、同じ悲しみを繰り返したくないのです。

＊空白の日々と幸福な日々

短い結婚生活で夫は戦死し、空白の日々がおとずれます。昭和二十二年（１９４７年）に二十二歳の辰巳さんは東京目黒区の白金幼稚園で保育者として社会人の第一歩を始め、その秋に結核を発症しました。そこから十五年間の長い療養生活を強いられたのです。当時の治療は、療養所で安静にしながら、体力が病気に勝つ日を待つだけの時間でした。

辰巳さんはこの長い空白の時間をあまり語りません。記憶があまりない茫洋とした年月だったのでしょうか。この時間で得たものはその後の人生を築き上げていったと思います。

辰巳さんの長い療養生活は、本を読む時間でもありました。

病気から抜け出せないっていうのは、ひとつの閉じ込められた、身動きできない、なんて言ったらいいですかねえ……。そうねえ、まあ、分かりやすく言うとね、あの病気して十年以上経ったときって、私が共感できた読み物ってね、『夜と霧』しかなかった。もう、あれ読み終わるのを惜しむようにして、そこに出てくる人々と共感し、また励ましてもらったんだけど、とっても分かち合いができましたね。

死ぬとか生きるとかって生死の問題もあったけど、それよりは自分が置かれている状況をどのように受け入れていくかっていうその人間の態度、それが私のお手本になったですね。

ナチスの収容所生活は、常に死を意識して出口が見えない不安の日々だったと思います。辰巳さんも結核の治療で同じような不安を抱えていました。

病気から出られないっていうのはそういうことですね。どんないい状況にあってもね、私なんてほんとにね、恵まれた状況で病気していたんだけど、大事にしてもらったね、それでもちょうど二十四、五からね、四十代までやりたいことが出来なかったですからね。しかし、希望は特に持ちませんでしたね。具体的な。これがよくなったらどうとかこうとか、考えたってしょうがないんだから。じゃあ、希望がないかっていったらそんなこともなかったわね。

戦争が終わって、辰巳さんは、子供に対して希望を持ちました。しかし、その気持ちは病気で中断します。辰巳さんは、病気から回復した後に、思いを食に向けることで次の希望の糸を繋ぎます。病後に最初にした仕事が、非行少年の世話でした。

私ね、非行少年のカウンセラーを病気が治ってから九年くらいやりました。少年院の子供たちの処遇のありさまを聞いたときにね、涙が止まらなかった。それっていうのも彼らもね、素質が欠落しているっていうのがまずあるでしょ。素質的な弱さ。それから環境的な弱さ。それから彼らも自分が求めないのになんともいえない不遇な環境が彼らの周りにはあって、それでその少年院で暮らす子供たち。その頃ね、少年院の一日の食費が三十六円だったのよ。三食で三十六円。主食も入れて三十六円。パンツがひとりに一枚半。だから今はいているのと、洗濯してまわってくる、誰だか分からないものがまわってくるっていう、そういう非常にね、福祉では手遅れっていうかね、一番最後に福祉の恩恵に浴したのが少年院の子供たちだったのね。そのことを聞いて、やっぱりもう手に取るように分かりましたね、子供たちのこと。そこからパンツを買うお金を送ったり、それから食べ物をね、月に一回は卵が食べられるようなことをするとか、泳いだ後では砂糖水が飲めるようにするとかしたんだけど、とにかく、毎週一回はね、久里浜のね、特別少年院に子供たちに会いに行ったわ。父が病気になってやめたんだけどね。なんかわがことのように分かるっていうのがあるんですよね。病気であったためにそれが分かるんですね。

辰巳さんの食の哲学は、一朝一夕に出来たものではありません。食を、いのちを愛おしむ心情の軸に据えるという姿勢がこの時代に出来上がりました。その原点にあるのは両親の情愛でした。少女時代から見た、家族のあり方は、辰巳さんを常に肯定的な女性に育てたのだと思います。


昔、私は一五年も結核からぬけ出せなかった。

エアコンのない盛夏の安静は、食もおとろえる。

「これなら食べられるだろ」母は、あわびのやわらか煮のにぎりと、酢どりしょうがの細巻きを考えついてくれた。

「お母さま、おいしい！」

「気に入ったかい、毎日でもお上がり。」

母の満足気な笑顔が、今も目に浮かぶ。（※07）

「今夜はなんだ？」

「なんでも、あるわよ」

帰宅した父との、目と目を見合わせてのやりとりでした。

なんでもあるはずはないのです。しかし、毎日昼食をとりつつ「今夜は何にしてさし上げようかね」と始まるのですから、「なんでもあるわよ」と言えるのです。

「なんでもあるわよ」は「なんでもしてあげる、してあげたい」心根です。（※14）

今、私は「食」の世界に深入りして生きております。我ながらどうしてこうなってしまったのかわかりません。

現在の私を一歩ひいて眺めると、一本の組み紐のように見えます。

両親・祖父母から譲られたものに、私の上に善きことを願ってくださった方々、願っていてくださる方々の思いと力が、かたく組み合わさっています。（略）

望むらくは、私も「なんでもあるわよ」という言葉の似合う人になりたいのです。

ものと物事の世界が料理の道です。この道は我を忘れないと完歩できません。望み続けるところに、希望もあると思います。（※14）

＊母が示した究極の愛

自分なりにまとめた辰巳さんのファイルを開いています。出会い、誕生、平和な日常、究極の離別が一本の縄にあざなわれて、家族の歴史が作られていきます。特に明治維新以来の歴史を背景にした辰巳家の男たちは、日清、日露、太平洋戦争と続いた戦に駆り出されてきました。父・芳雄の戦争体験には、母と娘がそれぞれの思い出を残しています。普段から、夫に全身全霊をかけて献身していた浜子は、出征した夫を奪われまいと、必死でした。

母は夜になると、必ずお経を上げていたんです。昼間は屈託なく明るく笑って、いつもと変わらない母だったけど、お経を上げているときは本当に真剣でした。だからそのお経を聞いていると、本当にお父様が帰っていらっしゃらないと大変だということが伝わってきましたね。

母はねえ、とっても線の太い一方で、非常に繊細でもあったの。だから花を生けるとね、私のほうは大きい花を生けたんですね。母は茶花は非常に上手だった。だからとても細やかさも持っていた。

でそのためでしょうと思いますが、いつも父は酔い醒めの水をウイスキーの角瓶に入れ、枕元に置いて、飲んでいた。父の出征中、その飲みさしの水を母は捨てることが出来なかったんですね。

父の飲みさしの水を捨てられないということは、やはり生身の父をこれに感じたかしら、この飲みさしの水に。絶対捨てなかったわね。ああ、お母様ってお父様の飲みさしの水を捨てられないんだって、ちょっと思ったね。

まあ誰も気がつかなかったと思いますけどね、私はなんか母ってやさしい、そしていじらしい、そしてとっても女らしいですね。だからそういう奥さん、女の人と一緒に暮らした父は幸せだったと思いますね。

あのねえ、母は父のいのちの紐を握って離さないって感じが、私はそのお経を聞いたときに思った。ああ、いのちの糸を握りしめているなあと、そういう感じがした。中学一年のときだったけどね。

娘・芳子も出征した父に特別の思いを抱き続けていました。家を出て入営したその日の記憶です。

九段の近衛一連隊で雨降りだったわねえ。そうして沢山の方が送りにきてくださって、父は背広を着て、みんなにお別れしたんだけど、なんか私突然飛び出してすがりついたんですよね。

それから家に帰ってきたら、父が脱いでいった和服が鴨居のところから掛けてあった。そうしたら、急に父のことが無性に懐かしくて、その着物の中に入って、ぶら下がっている着物の中に入って匂いを嗅いでいた。そのときにね、とても今まで考えたことのないことを考えたんですね。父が生きていた意味ってなんだろうって。

で、父のいのちの意味は、まず社会に何か貢献したこと、地下鉄を造っていましたから、地下鉄を造ったということはお父様にとって意味があるなあ。その次は子供たちを残すということもいのちの意味だなあ。でも私は、個としての父のいのちの意味がなければならないって。そのとき、何分くらいかの間にパタパタパタパタといのちの意味の根源的なことをぱっと掴んだんですねえ。それ以来、いのちって何かを考え始めたんです。

だから私ねえ、何か根源的なことを考えなければならないときは父性があらわれるってことに思いがいったのね。

母を考えるときは全く違うことを考えるんですね。だから創造の根源に父性があると思いますね。で、なんか父のいのちの瀬戸際にいつもいのちの根源を示したり、考えたりする。やっぱり父性のしからしめる、響き合いじゃないかな。自分のいのちと、父のいのちとの響き合いじゃないでしょうか。

戦争、災害、事故、そして老い。この世に生を受けた以上、人にはいつかいのちの灯が消える日がやってきます。戦後の穏やかな日々が続く中で、家族の転機が忍び寄っていました。１９７２年四月のことでした。前年に父・芳雄は軽い脳梗塞を起こしていました。妻だから感じた直観でしょうか。五十年の節目として祝われる金婚式が、一年前倒しで鎌倉の教会で行われたのです。結果的にはこの式が芳雄氏が元気だった最後の時間となりました。父の様子を見ながら、母も娘も同じような胸騒ぎを感じていたようです。金婚式に、父・芳雄はモーニングを着ると言い、母・浜子は辻が花の訪問着で応えたのです。娘は式の朝、父の着るモーニングにアイロンをかけながら……。

そうね、なんだかでも変なものね、父のモーニングにアイロンをかけながら、もしかしたら父のモーニングにアイロンをかける最後なのかもしれないと思ったんですよ。

それからね、もっと不思議だったのは、父が倒れる寸前には、ベッドに横になっていたんだけど、お父様、お茶飲む、って言って、それでお茶を父のところに持っていった。ほうじ茶だったけどね。そのときもね、お父様にお茶を入れる最後になるんじゃないかな。これが最後のお茶としても、まっとうなお茶であるようにと思って入れたんです。父はお茶碗からお茶を、何の抵抗もなく飲んだ、それが最後だったね。あとから、吸い飲みでいただいたりしたけど、むせないようにお茶をいただいた最後だったですね。

母は教会での金婚式で、このような願いの言葉を述べています。

主人より十分でも遅く、私が死なせていただきたいって、金婚式のときの祈りがそうだったのね。十分でも遅く私が死なせていただきたい。

父の二度目の脳血栓での症状は重いものでした。半身不随で、言葉がしゃべれません。金婚式から二週間後その発作が起きました。父は嚥下障害になったため、病院食はむせてしまい喉を通りませんでした。唯一食べることが出来たのが、とろみのあるスープだったのです。八年に及ぶ闘病生活をスープが支えたのです。その年月の中で、辰巳芳子のスープは、工夫を重ね、季節ごとの変化も取り入れながら完成していきました。

残念なことに、夫よりも、たとえ十分でもいいから長生きさせてほしいという母の願いは叶えられませんでした。母が、夫の看病を終えて自宅へ帰り語った最後の言葉です。


母が亡くなる何日か前までは、病院に行っていたんですね。そして帰ってきてから、これからの私の務めはお父様が死を恐れないようにしてあげることと言ったんですねえ。これはねえやっぱり愛することの極致ではないでしょうか？

相手が死を恐れないようにしてあげる。実はね母ってね、愛するとはどういうことかってこと、どうすればよりよく愛せるかってそれがね、生涯の命題だったと思う。

皆さん命題を持っていらっしゃるでしょ。私、人は誰でもその人らしい命題を胸に抱いて生きて、そして最後にそれを果たし通して亡くなるような気がします。

愛って言葉を母はあまり使わなかった。ただ、まごころって言ったのね。だから、母は愛というものをとっても具体的に表現しなければ、愛とは言えないってことをよく分かっていたんだと思う。だから母が入れてくれる番茶がピタッと美味しいとか、沢庵を切っても（沢庵はひねひねしてるから切ったらひゅっと舌がでちゃうんですよ）、全然舌がでなかった。ぴたっと切れていたんですね。

だからそういうことをずっと母は自分に課していたんだと思う。訓練と体験の集積が自分の身体の中にあったと思うの。
それで最後に、これからの私の務めは、父が死を恐れないようにしてあげることと言ったと思います。母は自分の命題を完結した人じゃないかな。

映画の中で浜子さんと芳雄さんが出会った頃の、初々しい二人の写真を背景にして草笛光子さんが朗読した、芳子さんの言葉です。

愛は人の中にあるのではなく、
人と人の間にこそある。
人が、愛ゆえに作ったり食べさせてもらったりする日々。
過ぎてしまえば
なんと短いことでしょう。

第三章　辰巳芳子は風土のいとし子

＊旬に生き、旬に生かされる

私たちのいのちの営みは、何千年も変わっていません。人間そのものが何も変わっておらず、その容れ物の身体も同じです。生活は便利になりましたが、根本は不変です。一歩ずつ足を出さなくては前に進めません。同時に二つの場所には立てません。呼吸も心臓も昔と変わらず一定のリズムで働いています。それがいのちの真実です。

しかし、近代社会はその現実とは違う仮想のシステムを世界全体に張り巡らせてきました。それは地球規模で市場を運営する制度が求められたからです。グローバリゼーション、国際化などの言葉で、ローカルなものが世界基準に置き換えられていきました。通信のスピードで時間が進み、効率が求められています。そのために物差しが単純化されました。時間はグリニッジ標準時、暦は西暦、パソコンのＯＳはＷｉｎｄｏｗｓとＭａｃ、ビジネスは英語、ハリウッド発のエンタメ……複雑さと多様性が排除され唯一の原理で覆われる世界。そこから奪われていくのが、生き物としての皮膚感覚や繊細さではないかと感じます。

私たちの不安感は、自分は今こう生きているという存在感の欠如からきていると思います。いのちの手応えがなく、なぜ自分が存在するのかも茫洋としています。我ここに在りと確信を持つことが難しい時代です。自分が立っている場所を求めて遠くをさまよっても見つからないかもしれませんね。しかし、それは一番身近な自分の足元にあるのではないでしょうか。呼吸をし、土を踏みしめている等身大の自分。グレゴリオ暦やグリニッジ標準時の極北に、旬を育む風土に生かされ、風土の申し子である人間があります。

すべての生命の進化は、環境という条件と、時間という場の想像を絶する関わりによって、今日の形を備えるに至りました。

その故に、風土（環境）は親を超えた親であり、時間は居る在るを超絶した住まいでありましょう。

まじめな「それなら、どのように食まわりを調えるのですか？」との問いに、「風土に即して召し上がれ」と答えております。

なぜなら気象の運行と人間の生理は足並みが揃《そろ》っているからです。

旬の食物は風土のいとし子。

人も風土のいとし子。

手を携えれば生きてゆきやすい。

道理の中の道理です。（※04）

最近旧暦を見直す人々が増えています。僕自身、大寒に生まれ大雪の夜、父が助産婦さんを呼びに行ってくれたと聞かされました。そのせいか、雪が大好きです。一年は二十四節気に分割され、その中をさらに五日ごとに区切り三つの候に分かれています。

僕の生まれたのは大寒の次候、水沢腹堅。寒気ますます激しく水辺は凍りつくとあります。二十四節気は七世紀に中国から日本に伝わりましたが、気候風土が異なるために修正が重ねられて、江戸時代の天保年間に日本に合う太陰太陽暦として完成しました。節気は十五日ごとに変わり、自然の変化を教え農業や生活の目安として普及していたものです。

これが明治五年に太陽暦に変わったのですが、日本の自然風土は何も変わりません。近代化とは、古いものは価値がないとして捨て、輸入したシステムや慣習に置き換えていくプロセスでした。失ったものの大きさにもう一度気づく時代がやってきました。

春を待つ人々の心根は、よみがえる新たないのちに、自分のいのちを重ね、一つ光りの中で、ともに息づく、その安らかな充足をこそ仰ぎ求めているように思う。

わたしは小さな谷戸に住み、立春から晩春に至るまで、つまり蕗《ふき》の薹《とう》から筍《たけのこ》に至るまで。

月がうるみ、辛夷《こぶし》が乳白色の花をまとい、五葉あけびのほろほろとした小豆色が下がるまで。

春の移ろいを身にうける幸せの中にいる。

積年の山裾暮らしのおかげで、ものは、もの同士の調和で生きうるが、人は、ものがなければ生き得ぬ約束事は骨身にしみた。

納得の一端が、菜の花の育て方、摘み方、食べ方の一例である。おかげさまで春愁は知らず梅雨を迎えている。

楽しみは　みんなみんな
その中にあると思う（※04）

辰巳さんの家は、丘陵地が浸食されて出来た小さな馬蹄形の土地に建てられています。三方の崖に包まれて別世界を作っているような不思議な景観です。このような地形を、神奈川県では谷戸と呼び、地方によっては谷津とも呼びます。撮影は早春の庭から始まりました。蕗の薹は寒さで凍てついた霜柱を割って芽を出していました。カメラマンは描写力の優れたドイツ製のカールツァイスのレンズをマウントに着けて息吹の瞬間を待ちました。淡い緑の植物が生命の発露だと告げているようでした。辰巳さんは、後になって、氷がやさしく光り、蕗の薹が何かを語りかけるような映像でしたねと話してくれました。

２００７年から２００８年にかけて、東京農業大学の学生だった池村奈美さんらが卒論のために一年を通してこの庭を調査しています。豊かな植物相は特筆すべきものでした。論文では辰巳さんの庭を、日当たり、風通し、歴年の丹精が結晶した見事な小宇宙だとしています。庭には、木も草花も食べられる植物、薬用の植物に満ち溢れていることが証明されました。この庭を舞台に巡りくる四季は、母から芳子さんに手渡された等身大の営みを見せてくれます。農大の進士五十八教授は

辰巳先生のおにわは、辰巳芳子の食生活、農生活、環境生活のいわば先生の「生活観」そのものが、空間となり景観となったものです。（※15）

とまとめています。辰巳さんの日常は、小さな足元の自然に生かされているいのちを感じる日々です。

日本の風土の顕著な特色は、四季があることだ。したがって日本の食材、食方法は、季節の賜物《たまもの》を、春夏秋冬の大別でなく、十日間隔ほどで食まわりの移ろいとして受け止める。その故に、そこには数々の約束事が生じた。

とは申せ、春はあらゆるいのちが萌え出ずる。細長い列島のどちらの地方でも、十日間隔では尺度にならぬはずだ。私は、三日目、三日目と自分に言い聞かせ、山裾《やますそ》を見て廻る。木の芽（山椒《さんしょう》）など、朝、夕に面差しがかわる。質の変化である。この質に従っ

て歩くのではなく、変化する質を心組みして待ち受けるのが、春固有の食まわりである。(※12)

庭の四季を食に生かす日々の充実。羨ましい限りですが、どのような環境に住んでいても旬を肌で感じる感受性は持ち続けたいと思います。庭には、母や父の思い出も詰まっていて、毎年芽を出したり花を咲かせます。自然の移ろいと暮らしの歴史が重なり合う小さな空間です。この庭での大仕事が自家製の梅干づくりです。映画の中でもその過程の一部を紹介しています。旬という繊細な季節を辰巳さんの手が受け止めた映像だと感じました。

「梅仕事」……ある年、皆して賑やかに梅摘みをしておりましたら、陣頭指揮をしていた母の口から思わず知らず「梅仕事」という言葉がぽろっとこぼれ落ちました。私は瞬発的に「お母様凄い！」と云い、言葉が地上に落ちぬ先に両の手でこれを受けました。御本人も農婦のかぶるベビー帽の下で、自分の発した言葉にびっくりにっこり。「いい言葉だ」と相好をくずしておりました。

言葉というものは、溜まりに溜まった実体の質と量の経験から立ち上ってくるものです。又、そうでなければなりません。「ほんもの」の言葉が仕上がり生まれた好例にゆき合ったかけがえのない瞬間であったと思っております。(※15)

＊母が楽しんだ庭の野生

この季節、庭におりれば梅の香に迎えられ、山にのぼれば土止め水仙の列が待っている。

今年、きんかんはなり年、すずなりの金色、ぷちっとかめば芳香がちる。

冬枯れの山肌のふしぎなあたたか味は、見とれるばかり。こうしてぼんやりしているのが大好き。

この大好きは、何から何まで、父母と先祖方の贈物。そして、地主である浄明寺さんのおかげさま。

——ほんとにありがとうございます。(※15)

この庭は母から娘に手渡された最高の贈り物です。とりわけ浜子さんはこの庭で過ごす時間を最高に楽しんだようです。それは庭に象徴される四季と時間を体いっぱいに受け止めたことです。食べられる草木が多い庭ですが、香り、視覚など五感すべてを開放する空間がここにあります。

母は、寺の横の坂道を登り、門をくぐるお客さんを香りのある木々で迎えようと考えていました。

門の扉に触れそうな小賀玉の木、白梅、向き合うように植えられた木犀、通路をはさんで栴檀、その足もとにはライラック、くちなしが植えられています。最初からこの地にあった栴檀の大木以外は、母が考えて植え並べたものです。

木だけではなく多くの野草も、季節に合わせて芽吹きます。その中には母が植えたものが沢山あります。

ローマは一日にしてならずですが、この庭にも植物の時間と人の時間が解け合って今の姿を見せています。それが、今の庭の主である辰巳さんを記憶の旅に誘うのです。今日はそのまま明日に繋がらず、移ろいやすいものだからこそ、そこに美しさも感激もあるのだと思います。

想像なさってみてください。多くの花々は大地との関わりを見せつつ咲きます。しかしこの崖の百合は、空中に茎をさしのべるので、土とは無縁に、ぽっかり、空中でゆれるのです。

しなやかに、花の重さを楽しむように、ゆったりとゆれ、谷あいを香りで満たします。

一輪には一輪の風情があり、五輪つけても品格の下がることはございません。

いま、夢の中で逢うような百合達を感嘆しうる始まりは、なんと四十年前に遡ります。

母は、県花である山百合をこの地にもと望み、数キロの球根を山のあちこちに植えま

した。（略）

神様って、人の業《わざ》を必要となさるはずはないのですが、人の努力を待っていらっしゃることもあります。そしてその業を土台に飛躍的なことをしてくださるものです。

百合の香につられての思い合わせです。

風景は風物のみでは創れないとつくづく思います。膨大な教養と練習量が必要です。

（※15）


四季折々の庭の表情ですが、やはりクライマックスは涸れ枯れとした冬の時代をこえた春の景色です。浜子さんは、この季節の野草の生命力を食べることが、人が無事に生きていくために必要だと考えています。しかし、そのように暮らしてきた民族の知恵は忘れられようとしています。

中学生になった頃から、憧れていたことがあります。それは植物の名前を覚えることです。葉っぱを見たり、花を見たり、土から生える草の姿からその名前が判別できたら、どんなに世界が豊かで楽しくなるだろうと感じていました。しかし、全くその能力も努力もないままに、この年まで来てしまいました。だって、緑の野原を見ても草・草・草としか見えないのでは悲しいです。自分の周りの世界を、自分の身近にするためには、個別を判別してその名前を知ることだと思います。世界を認識できることとは、世界に近づくことです。辰巳さんの庭の豊かさは、そこに生まれる沢山のいのちの豊かさだと思います。

三月、四月は野菜の端境期にもあたります。摘み草の味を覚えて、庭の片隅に食べられる野草でも植えることを知ってはいかがでしょう。

（略）見回すあちこちは、春の七草はじめ、たんぽぽ、嫁菜、三つ葉、つくし、蓬、甘草《かんぞう》、小豆菜、ととき、あざみ、つる菜、あした葉、枸杞、五加《うこぎ》、野蕗、山蕗、山うど、わらび、たらの芽、山椒などわが家の野草たちが陽光をいっぱい浴びて、たくましく春を讃えています。

芹、薺《なずな》、御形、はこべら、仏の座、すずな、すずしろ、これが七草、これらは前の年に芽を出して、がっちり根を張っています。

万葉の昔から若菜摘みは残雪の遠山をのぞみながら、「君がため春の野に出て若菜摘む……」とか、「籠《こ》もよ美籠持ちふくしもよみぶくし持ちこの岡に菜つます子」とうたわれているとおり、その自然は今も変らないでそのままあるではありませんか。変ったのは、若菜を摘むことを忘れ去った私たち人間です。

私は戦争という一世一代の修練に相逢うて乏しさのなかから自然を見直し、家族の命を守ろうとして野草を食べる目が開きました。（略）戦争の貧困のなかから、土と太陽の有難さを知り、命を守るすべを学び、死ぬ意味もわかりました。二度とあってはならない、再び繰返してはならない悲しみ、恐しさ、苦しさのなかから、たくさんの得がたい人生の生き方を学びました。野草のように、土と太陽さえあればたくましく根を張って、踏まれても、蹴られても生きてゆかれるように……。野草が好きで愛着を覚えるのは、こんな経験のたまものと感謝しています。（※16）

＊母の遺産・梅仕事

梅には辰巳さんの深い思い入れがこもっています。冬の寒い時期に小さく可憐な花を咲かせる姿は、日本人の琴線に響き、絵画に描かれ、歌にも詠まれて日本人独自の美意識を育ててきました。花が終わっても青梅になるまでの時間もたっぷりと流れます。梅雨どきに青梅に降る雨の風情も、花におとらぬ風情があり、夏の季語です。

青梅に手をかけて寝る蛙哉　一茶
青梅や空しき籠に雨の糸　夏目漱石

梅は開花から実を結ぶまでの時間もゆったりとしたものです。梅をめぐる辰巳さんの記憶は、母の思い出と父の記憶が重なり合っています。撮影中に、こんな話を聞きました。

父が亡くなったとき、同僚の俳句をなさる方がね。花輪の代わりに歌をくださった。「胸中 梅花をみたし 逝かれけん」っていう歌だったんですけど、私どんな、お香典とかお悔やみ状よりね、その方のその俳句をとっても嬉しく思いましたね。やっぱり男の人を梅の花に例えるってわりに例が少ないかしらね。梅の清らかなね、香りと、それから父はやさしくもありましたね。だから花に例えてくださったんだと思うんだけどね。そしてちょっと凛として、梅って凛としたところもありね、まあよく父のことを捉えてくださったと思います。

僕は同じ春の花でも、梅と桜の際立った性格の違いを感じます。花見といえば桜ですが、それは江戸時代以降の伝統のようです。奈良時代から平安までは、花見は梅の花を愛でることをさしたといいます。梅は実用的には桜を圧倒しています。辰巳さんは日本の梅だけに殺菌作用が有り、食用としても薬としても沢山の力を持つ梅を評価しています。それだけではなく、梅をめぐる時間の流れ方に、人生を重ねているようです。その辰巳さんの時間は、効率や簡潔に能率よくという慌ただしい現代人が忘れかけたものだと思います。

母は、梅にかかわる一連の仕事を「梅仕事」と呼んでいた。梅仕事——やさしさの中にも気構えを感じさせる心地よい〝尊称〟と受け取っていた。

本当の梅仕事は、実は梅をもいだ後の、お礼肥えから始まるのかもしれない。

盛夏の剪定《せんてい》、真冬の貝殻虫退治、消毒、寒肥。仲秋、翌年の赤じそ畑のうね作り、種子まき。
カレンダーに書き込むわけではないが、肌に感ずる風の冷たさ、暖かさ、渡り鳥の去来、緑のうつろい、花咲き花散るなど私の暦替わり、なすべきことを知らせてくれる。以前は、手作りの何がしかが棚に増え、人様にお分けするのを楽しんだ。今は自然のしるしに答え、仕事の段取りを回転させてゆく。その事自体、知る人ぞ知る喜び、愉快である。

心境というほどのことはないが、梅が人の歩みを導くとさえ思う。（※01）

グリニッジ標準時でなく、旧暦だけでもなく、辰巳芳子の天地を生きる体内時計に憧れの気持ちが湧いてきます。こういう時間を忘れて久しいと自省しました。この文章で「カレンダーに……」以降の部分を声に出して読んでみませんか。私たちは、こんなにも恵まれた風土に生きているのだと改めて教えられる思いがします。また親と子を、時を超えて梅という植物が結んでいることも感じられます。

辰巳さんは、母が生み出した「梅仕事」という言葉を大切に使っています。そこに暮らしの真実が込められているからです。「仕事」とは物事には順序と秩序があることを表しています。同時に仕事に向き合うことが人を育てていく側面があるのだと思います。

若いかたにおすすめしたいのは、仕事はどのような質のものであっても、過程と結果のかかわりを見据え、つねに要約を出し、意識的に頭にファイルすること。時折その集積を推計すること。これが青春から壮年まで続けば、勘、ひらめきの泉を持つ人になれる。くめどもつきぬ泉、そこから生命はあふれ出て、自分と人をうるおす。この水脈は、ありがたいことに、ふろふきを炊くような日常の中にも宝のように潜んでいる。(※01)

＊千年の森に言葉を失う

２０１２年の十月、辰巳さんは空の高く澄みわたった北海道に出かけました。十勝の北海道ガーデンショーで講演するためです。会場は「十勝千年の森」。この庭園に辰巳さんは目を見張りました。広大な草地に大小十三の丘が波打つアースガーデンは遠景の日高山脈と丘陵地帯が溶け合うような空間です。荒れたカラ松林は自然で豊かな森として生まれ変わっています。イギリス人のガーデン・デザイナー、ダン・ピアソンの壮大な構想を信頼して十勝毎日新聞社が作り上げた別天地です。

この大風景を目に講演はこんな言葉で始まりました。

昨日ここへ来て胸が熱くなった。こんな眺望に出会ったのは生涯で初めてです。この

前で言葉は邪魔だと思います。これを見て感じてくださるほうが大切だと思うので、何を話そうこれを話そうというような気持ちはなくなったわ。ノートもありません。と集まった聴衆を心配させます。でも話すことはすべて頭の中に入っているので大丈夫なのです。

思い切って北海道に来て本当によかった。

辰巳さんは少女のように興奮し、感激をひとりでも多くの人に伝えたい気持ちでいっぱいになったようです。会う人ごとに素晴らしさを語り、会えない人には電話します。実は辰巳さんは電話魔です。せっかく感激を分かち合おうというのに先方が電話に出ないとご機嫌斜めになります。熱い気持ちが醒めてしまうからです。『天のしずく』の助監督は、二回ほどのコールで素早く受話器を取ったことで絶大な信頼を得たようです。

辰巳さんはダン・ピアソンを、この庭で宇宙と人間との関係を伝えようとしているただならぬ人物と絶賛しました。同時に彼にこのような仕事を任せた関係者も立派だと褒めています。辰巳さんは、この数年は宇宙と人間との関係を深く考え続けてきました。

彼が山脈と丘の手前に緑の草原を植えたことは、なんという感覚を持った人でしょう

と思います。そこが人間と宇宙を表していると思う。この年になって宇宙の中の自分を考えるようになった。朝起きると、まず自分が宇宙の中の一存在だということが分かります。八十年以上生きてくるとそれが現実です。「今日もよろしく」といって、宇宙の中で果たすべきことをさせていただきたいと考えるようになりました。

千年の森は、そんな辰巳さんの宇宙観を刺激したのです。僕はこの庭に流れる時間を考えました。時間の物差しを、大自然の流れで捉えると千年は長くありません。この庭には星の時間、土の時間、樹木の時間、草花の時間、流れる水の時間などが積み重なって調和を作り上げています。その中で人間だけが、秒刻みの時間を持ち込んで、宇宙の秩序を壊してきました。かつて北海道は蝦夷地と呼ばれ、海岸線だけは人の手が入っていましたが、内陸は野生の原生林が覆っていました。幕末から明治維新への歴史、これもわずか二百年のことです。そこからの変化はなんと急激なことだったでしょう。身も蓋もなく言えば、千年かかって作られたものも、数年で壊れます。自然の調和は、なんと繊細でデリケートなものでしょうか。千年の森を作る基本姿勢は、そのような問題意識から生まれています。

これまでのように、目の前の事象にとらわれて人類がその寿命として与えられた非常に短い時間の中で判断することは、もう止めるときではないでしょうか。１０００年と

いう単位で時間が流れる森の視点から物事をとらえ、本質にきちんと向き合うべき時ではないでしょうか。（※17）

時間を考えると、八十八歳を過ぎてなお人生の頂点に向かって歩き続ける辰巳さんには沢山のヒントがあります。この千年の森を前に語った希望の言葉です。

宇宙とともに生きることは、宇宙の永続性に預かれることです。だから「いのち」は宇宙とともに生きれば「死」はかたちとしてはあるけれど、「いのち」は永続性につながります。永続性と永遠性は隣り合わせのことです。

＊庭の四季には両親が住んでいる

この家は、庭のひろがりのぐるりを、きり立った山崖が囲んでおり、鎌倉という土地柄の特質を現わしています。（略）

春には、紅しだれ桜、三つ葉つつじ、大あらせいとう。初夏は卯の花、山百合、岩たばこ。盛夏は葉鶏頭、鳳仙花、白粉花。初秋はすすき、彼岸花。仲秋は貴船菊、山茶花、つわぶき。冬は梅、椿、福寿草。

これという手入れはいたさずとも、季節をしらせるかに咲いてくれます。


この中で、今になってその真価に気付いた花木があります。

それは「椿」のことです。

庭のあちこちと山裾に、雪椿の仲間が二十種類余。藪椿は、お隣さんとの境界と山の中に数えきれぬほどで、山の一番高いところには大木と云えるほどのものもあります。

雪椿の類はおおむね、母が植えたものです。母は、いつの間にか椿大好き人間になっており、寝台の向いに、椿の番付けを貼り、朝に夕に目に入るようにしておりました。

「お母様、椿のなにがそんなに好きなの?」

と絶えてたずねてみなかったことが悔やまれてなりません。(※15)

庭の時間が積み重なって今の景観があります。母・浜子さんが丹精し、父・芳雄さんが愛でた、庭のくさぐさ(種々)は過去を今に繋げて年々歳々更新し続けています。季節の移ろいとともによみがえる世を去った人たち。辰巳さんは、季節の再生に伴うように、記憶とともに暮らしているようです。

しかし、2011年の春の庭の様子は、辰巳さんの心を不安で揺らしました。映画の撮影は、まだ霜柱が立つ早春の庭から始まり、例年のように春の息吹がいっぱいでした。穏やかな早春の気に溢れていました。その直後に起きた、東日本大震災と東京電力福島第一原子力発電所の事故。辰巳さんは、「これだけ原子力発電所を増やして、もし核物質で土壌や海が汚染されたら、食物は形はあっても食べてはいけないものになる」とこれまでも原子力政策を批判してきました。

遠く離れた福島と鎌倉。しかし、辰巳さんは庭に異変を感じました。それは、母がこよなく愛した椿の木々に現れたのです。２０１１年四月十一日のインタビューです。

春になることは嬉しいんだけど、なんか物悲しさがついてまわっている春ですね。花々がくるい咲きしているものが多々あるのね、だから椿なんか一つの芽から二つも三つも花をつけてる。さっきごらんになった真っ赤な八重の椿、あれもあんなに花をつけることはないですよ。あの椿だけじゃなくて、藪椿も本当に見事っていっていいぐらいの花つけたのね。

ほらあそこのボケもね、ボケがあんな盛り上がるように花をつけるってことはね、ちょっとめずらしい。このボケなど百年経ってるボケでしょ、こんなに花をつけるものじゃないの。

そうね、植物がなにか教えているかもね、人間のやっぱり分をわきまえる。分際をわきまえなさいっていうことをね、教えてる気がする。

なんでも物事はね、いいことはいい、悪いことは悪いのよ。で、それの根拠っていうものはやっぱりいのちの法則です。いのちは、よくあろうとすることしか望んでいない。それに反する行為は、いかなる理由があっても悪いことは悪いとしていかなければならないと思う。

辰巳さんに異変を感じさせた花が、椿であることにも意味があるように感じます。辰巳さんの持論は、縄文時代から食べ続けてきた貝が、日本人の美質である根を詰めて仕事を続ける力の源ではないかというものでした。世界の中でも、海岸線に必ず貝塚の遺跡がある民族は希というのがその根拠です。

しかし、今から三十年も前に、母はこれからはもう日本人は安心して、貝を食べられない民族になるわねとつぶやいたといいます。森が荒れ、川が汚れ、海の汚染が進行していく様子を見ての予感でした。貝と同じように植物も、その場所にとどまり、逃げ出すことができません。

尋常でない春の椿のくるい咲き。この椿を見て、改めて母が、この花を好きな理由を聞かなかったことを後悔したといいます。

人の好みは、暮しを共にすると察せられ、馴れた心添えも出来てしまいます。ここに油断が生じ、わかっているつもりになるのでしょう。ですから、そのわけを折にふれ、言葉を介して知ろうとすることは、より人間的なことでありましたのに。

あれは、あやまちの一つでございました。(※15)

庭で最も思い出深いのは、母とともにこなした梅の仕込み仕事です。

父は、庭仕事はしませんでしたが、やはり春の庭で特別好きだった草花がありました。谷戸に沿った小道に群生する白くかれんなシャガ、あやめの種類で花弁に可憐な模様があります。父はこの花をとても気にいっていましたが、その理由も聞いていません。辰巳さんは春が巡るたびに、聞いておけばよかったかなと、過去を懐かしむのです。

花が巡ると、追憶が庭を包みます。

第四章　辰巳芳子の料理はどこが違うか

＊平凡の中から非凡が生まれる

辰巳さんは、あるとき考えました。自分が長年書いてきた料理の原稿は何だったのかと。文字だけでは伝えにくい調理のレシピが本当に読者に伝わっているのだろうか。辰巳さんは、母の傍らで見よう見まねで習得した料理は、身近にいて五感を使うことで理解してきたので、それを十分に読者や視聴者に伝えられるのだろうかと自問自答しました。その結果が、技術論だけではなく、心を伝える。食の意味も伝えたいとの情熱です。

私は料理原稿を二十年余書きつづけ、約千点以上の主題を処方し世に贈ってまいりました。

この間、お目にかかる術《すべ》のない読者の向上に心を通わせずして筆をすすめたことは、一回もございませんでした。

書きたくない日、言葉に置きかえにくい調理過程に難渋し、簡略化の誘いにかられても根源的に大切なことは、自分を励まし書いてまいりました。

基本的なことは、「何気ない、平凡なこと」の中にあります。

例えば、朝使う青菜は、就寝前に水に浸ける／葉が傷つくような洗い方はしない／葉と茎は異質のものとして扱う／水分の切り方は、ものの質と、用途によって、微妙な差がある――などなど。

このような料理以前の心得に人々の留意を得、改善への意志にまで導くのは芯底《しんそこ》、力を要することなのです。（略）

情報過多は、家庭料理の気後れを招いているかもしれません。案ずることはないのです、食卓の原点は、炉端《ろばた》です。穀類と豆と汁ものを大切に扱いましょう。何よりの肝要はいそいそした「さ、めしあがれ」の笑顔。「いただきます」と手を合わせて箸をとる感謝と畏敬の念です。（※18）

辰巳さんは大さじ何杯と数えるような調味料の使い方、煮炊きの手順などで表されるレシピは、台所に立つ私たちを縛りはしないかと考えました。自分の頭と感覚で作る料理が、情報でとらわれて楽しい時間にならないことを恐れました。主体的に食に向かうため、誰でも持つことの出来る心構えを伝えたいと考えるようになったのです。母から娘へと伝えられてきた、料理以前の知恵です。母は「食べ物はその人の手で作られ、人の手はその人の心に続いています。誠意と愛情によって作られる食べ物は、いのちに繋がるだけではない、思い出にも繋がります」と話しています。

魚貝類の下拵《ごしら》えの一つに、調理寸前、五つ切れ分程の魚に、レモン一片分、レモン汁を滴々と落とし、生臭味を解消させる方法があります。

ほんとにレモン一片分のみ握り込んで、レモン汁を落とすのでありますが、ただ握り込んだのでは、しぼれるものではありません。

レモン一片の上に親指をひたとあてがい、自分の親指を芯棒の如く、握り込んで、しぼるのです。

このようにすると、五つ切れの魚に、ぴったり、一片のレモンで事足り、なんの無駄も生じません。

私はこの例で「こつ」の話を申し上げようと思っておりません。

むしろこつの彼方に在り、人をさし招くものに近づきましょうと申し上げたいのです。

レモン一片に親指を添えるテクニックと出合って、はや十五年を経るでしょうか、その間、最初に親指を使った〝しあわせな人〟が想われてならないのです。

人間、どうして、親指の使える人と使えぬ人とに分かれるのでしょう。

盛り付け箸を、注意せずとも胸のすく程垂直に使える人、一方どれ程〝このように〟と示しても、斜めがかった使い方しか出来ぬ人との違い。

ふきん一つ、まな板の下にあてがう、まな板をふく、包丁をぬぐう、このしぼり加減を、自然に変えられる人、変えられぬ人。

何故なぜがつもりつもって、世阿弥《ぜあみ》の『風姿花伝《ふうしかでん》』に求めてみました。

強き稽古、物数を尽くせよ。

工夫を極めよ。これらのことども、心底に当てよ。花を知らんと思わば種を知るべし。

花は心、種は態《わざ》なるべし。

とあります。

心理学に於ては〝勘・ひらめき〟は練習量の上澄みである。練習量とは失敗量に等しい。

失敗量の分析、その上でのさじ加減。百練自得の日常から噴出するといいます。(※12)

台所でご飯を作るという行為。ごく当たり前の平凡の中に埋もれてしまうけれど、そこに私たちの拠りどころがあると感じています。それこそが、とても深い非凡を湛える泉だと思います。普通の暮らしの中にある、ささやかな行為。辰巳さんは八十八歳になる今日までそれを自分が生きていく支えとしてきました。

食べ物というのは、農業、漁業、牧畜業を営む人々との繋がりの中にもあります。ひとつひとつの素材の持つ力を感じ、それを育んだ人や自然を想像しながら、ていねいに調理していく。それは家族、赤ちゃんから人生最後の日々を過ごされる方まで、沢山の食べる人に受け継がれていく。そう考えるとひとつの台所の風景は、大きな曼荼羅のような構図に描けてきます。

そうしたとき国が行う政治的経済的な論理に対して、別の自分の存在感、立ち位置が見えてくるのではないでしょうか。そこには自分を大切にし、日々の行いを洗練して自分を育て上げていく道が続いています。辰巳さんは誰にでも開かれた希望の道を伝えようとしています。

*生ハムへの執念

撮影中に辰巳さんは、私を描くのなら生ハムは必須ね、と提案されました。最初は映画のテーマが「いのちのスープ」なので、生ハムの話はピンときませんでした。その後、辰巳さんを理解する手がかりの一つが、生ハムであることが分かってきました。これは、ある個別の食材を作り上げるという次元ではなく、その国や風土の生み出した食のエッセンスを追い求める独自の嗅覚であることの証だと思いました。

あるとき、辰巳さんは直感的にイタリアやスペインの民族のいのちを支えてきた食の重要な部分が生ハムだと知りました。

その物語は、１９６９年に始まります。この頃は辰巳さんは無名で、母の助手としての歩みを始めた頃です。本格的なフランス料理を加藤正之氏から学びながら、次に目指したのがイタリア料理でした。それはかなり先駆的な試みでした。日本での草分けは麻布飯倉片町に、キャンティというレストランの開店でした。イタリア料理は、先端の文化人や俳優、実業家などが注目する特別の料理だった時代が長く続きました。イタリア料理が「イタ飯」などと呼ばれて流行になったのは1990年代。フランス料理の真髄をソースと教わった辰巳芳子さんが、何を思いイタリア料理に惹かれていったのか、独特の感性がそこにはありました。

「じつは私、力あふれる作品をあれほど多く生み出したミケランジェロの〝生の源〟が知りたくて、イタリアへ渡ったの。あの偉大なイタリア人が何を食べていたのか、それさえ分かればいいと思っていました」（※19）

辰巳さんは1969年三月から約ひと月間、ローマにあるエナルク国立料理学院で学びます。総勢44名が日本人のためのイタリア料理講習会に参加したのです。主任教師のアントニオ・カルーソ氏が語った言葉「料理はファンタジア。基礎を覚え込んでしまえば、あとはあなたの空想力、想像力で細い枝や葉は青々と繁茂する（※19）」を今も覚えています。

ところで、辰巳さんがレオナルド・ダビンチやラファエロではなくミケランジェロの名前を出したのかを考えてみました。辰巳さんの言葉は、例えばというような使い方でなくはっきり焦点が結んでいます。僕はシスティナ礼拝堂の祭壇に描かれた壮大なフレスコ画「最後の審判」が頭の中にあっての言葉だと思います。「最後の審判」はミケランジェロが六十歳から六十五歳まで、六年間の全エネルギーを注いで完成した作品です。この歳にしてあの仕事。さらにミケランジェロは長命で八十八歳まで長生きします。その活力を支えたイタリアの食への関心が辰巳さんを動かしたに違いありません。

帰国後、辰巳さんは当時日本では誰も作っていなかった生ハム作りに没頭します。その美味しさを知っただけではなく、生ハムがイタリア料理における、味噌や醤油の役割を果たしていると思ったからです。

「生ハムは、味噌や醤油の類を持たないイタリア人の〝なれ〟塩。これがなければイタリア料理にはならない。その生ハム作りに日本で初めて成功したのは、私だと思うの」（※19）

なれ（馴）味が、辰巳さんの食の原体験にあります。第二章の「死ぬことを恐れることはない」で書きましたが、祖父の膝の上で味わったのが、お酒のあてに祖父が好んだなれ味でした。子供があまり口にしない、複雑な酸味や苦甘味。シンプルとは言えない味を、幼児で知った辰巳芳子さんにとって、生ハムはどこかで郷愁を覚える味だったようです。なぜ、辰巳さんが生ハムにこれほどの情熱を傾けたのか。そこに辰巳芳子を感じます。まず、作り方がどこにも紹介されていなかったので、ゼロから始めたこと。一度、火がつくと誰も止められない情熱家であり、進取の気性に溢れていることなどです。

（略）十三年間フランス料理を学んだので、イタリアへも行ってみた。欧風料理に新たな視点が開いた中に、生ハムの用い方があった。肉片・骨を料理の隠し味・底味を導き出すために巧みに用いる。フランス料理にない食心地である。帰国後、再現に努めたが、当時、生ハムは輸入禁止。（略）

風に吹かれた頃、もどかしさは二年分溜っていた。「生ハム作ってみようかな」「豚肉買ってもいい？」母は笑ったから、燻製機を考案発注・樽一杯の肉塊を買った。三年目、樽の数はふえ、母が追剝を飼っていると言うに至った。すまないと心の中で手を合わせはしたが、追剝時代は、必要期間。燻煙で肉を防腐しつつ、肉と塩の関係、乾燥過程を観察・資料とした。(※20)

なかなか思うような生ハムは出来ませんでした。辰巳さんは湿度の多い日本では生ハムは無理だという、ラテン系の宣教師たちの意見にも挫折しませんでした。そして自宅の鎌倉の谷戸に吹く風にひらめくものを感じました。

あれは一九六八年頃の盛夏。一仕事終え、一息入れようと、この谷戸の風道にいた。谷の下から吹き上げる風・山の木々が冷やした吹きおろす風。ああよい心地。ほとんど同時に一気に汗ばみを風が持ち去つた。この風はどこにでもある風じやない。この風なら頼れる、風を吸引する小屋を建てれば、あれは実現するかも。「あれ」とは生ハムづくりのこと。(※20)

生ハムはヨーロッパの修道院で作られていました。しかし、その手法は文字に書かれずに、手から手へと伝えられてきました。手がかりがないところから、辰巳さんはふと思いついて、鎌倉の修道院を訪ね、資料を見つけました。塩をして風で乾燥しなさい、たったそれだけの言葉でした。

(略)塩分。塩漬け方法。重石の重量。これは鎌倉イエズス会の古色蒼然、藁半紙にタイプ。十行足らずのメモから拾つた。

腿肉一本の目方は十一キロ前後。てつしりした手応えは、何ものにもかえがたい。塩はどのようにすり込んでも、一回で肉が飲み込めるわけはなく、重石をかけた肉を天地返しした時、滲出液をふきとり、追い塩をする。塩漬け三週間。洗い・拭き・風にあて・ピメントンをはたき込み・小屋につるす。(略)

毎年、少しずつ手加減し、訂正を要さぬと感じるのに十五年。(※20)

ようやく、ヒントを掴んでからも長い試行錯誤は続きます。塩は上からふるのではなく、自分の手で肉の感触を確かめながらすり込むなどの工夫を凝らしました。後は乾燥の方法です。自宅に小屋を立てて、自然の風を生かし、風洞で空気を吸い込みながら、干した肉の位置を交換したりして、まんべんなく風を当ててました。ＮＨＫの番組「知るを楽しむ」で、生ハムにかけた歳月を語っています。

（略）えんえんとやってきてはっと気がついたことは、自分の手のなかに残ったことは塩のことだったなァ、ということだったのです。（略）すべての保存食をやってきて、その上に生ハムもやってわかったこと。それは、自分がやってきたことは、全部おしなべて塩のことだったと。多少はこれで塩というものがわかったのかなと思って。それが、生ハムが完成したこと以上にうれしかったです。（※21）

ミケランジェロからはじまり、塩と谷戸の風。生ハム物語は、仕込み仕事、風仕事へと相互に結びついて発展していきます。辰巳さんの特別な資質は、個別から普遍へ哲学する姿勢だと思います。実は映画『天のしずく』を製作するにあたって、辰巳さんから、最も言われたのが「この映画は、私を追わないでください。モノを追わないでください。私やモノの向こうにある普遍的な何かを描くようにしてください」でした。カメラは目に見えるものしか映りません。この要求は難易度の高いものでしたが、結果的に辰巳さんはこの映画にとても満足されました。難易度が高いことに挑む姿勢は、辰巳さん自身の中にあるものでした。

生ハムは約二十年かけて完成し、当時の大分県知事だった、平松守彦氏の依頼で久住高原養豚家に手法を伝授します。以来自分では、直接作ることはしていません。

心底に宿り、己を招くものに、単純に応えたから、こうした異文化の根源的なものの法則に達し得たと思う。風は己が好むところを吹くという。私は風に見初められたのかもしれない。なぜそれに応えられたのか、自分でもわからない。（※20）

＊風仕事の季節を待ちわびて

春から夏にかけての、梅仕事。台風一過の秋空がやってくると、風仕事の季節です。生ハムを手中に収めた辰巳さんは、四季折々の新鮮な魚にその知恵と経験を向けます。塩と風、たんぱく質を変える自然の魔法です。

台風が去ったあとは、一年中で最も光と影の美しい旬日になるのをご存じですか。

透明にきらめく光は、陽気な影を伴い、もみじの枝のさやぎの中を、風にのり、追いつ追われつ、笑いころげるように、とめどなく踊り続けます。

（略）

魚の風干しには、十一月から十二月の中旬が、最も適しています。ヒヤッとした寒の風が吹き、魚もおいしくなってくるからです。

十月までの風では、まだぬくもりと湿度が感ぜられ、風干しには今ひとつ。一方、風はよくなるが、十二月も下旬になると、年末で魚が高くなり、さらに一月からは寒さで魚の収獲が減ってくるありさまです。

風と魚、双方がぴたりと調うこの時期に、待ち構えて風仕事に取りかかりましょう。風と光は、魚のたんぱく質を変化させ、人の手を超えた味わいを生み出すのです。現代人は自然と一つになる機会が少ないと思います。風干しは、風という自然現象を全身で感じ、その恵みを素直に感謝できる料理なのです。（※04）

辰巳さんが愛する、梅仕事、風仕事という言葉の響きには、自然と人が手を取り合って食べ物を作り上げていく幸福感を感じます。むしろ、自然が主で人は従かもしれません。風と光の祝福を受け止める準備をして、それをいただくという気持ちが味を作り出していくからです。ハムと同じように、魚の風干しで肝心なのが塩加減です。

映画の中では最終的には使いませんでしたが、この風仕事も撮影しました。肝心なのは何よりも魚を選ぶことだといいます。焼いて美味しく食べられる魚の種類を辰巳さんは魚の品格と呼びます。この品格には松・竹・梅があります。

最も上等の松は「あまだい」「うるめいわし」「さけの塩引き」。

竹は「かます」「いか」「たちうお」。

梅は「さば」「あじ」「さんま」だといいます。

実は自分が好きなのは梅だなとつぶやきながら撮影していました。どうも魚のアブラの質がこの基準を作っているようです。

最初は開いた魚の滲出液や血の塊をキッチンペーパーや布でていねいに拭き取ります。骨の脇や、奥の部分はスプーンのすくう部分と柄の部分を使い分けて時間をかけて掃除をしました。血が残ると生臭さが取れないからです。

ここから辰巳さんの工夫が始まります。レモンを魚の目玉や口の周りに数滴たらすのです。これも生臭さを取るためです。他の柑橘類ではこの効果はないようです。こうしてすっかりきれいになった魚を、まな板の上に置いて、皮のほうからたて塩をふります。次が身の部分。塩は上からふるだけではなく、手や指を使い魚の表面にまるで軽く叩くようになじませていました。こうして準備が終わった魚の姿は、美しくつやつやと光っています。ここで串を打ちいよいよ初冬の風が仕上げるのです。

魚の余分な水分を出す、臭みを除く、たんぱく質にうまみをもたらす……塩は、魚の風干しにおいて人が施せる唯一の調味です。
塩加減は、かます100gに対し、塩小さじ1弱。これが中塩です。ただし、あくまで目安です。身が薄ければ塩は減らし、厚ければ多くふったりと、何度も試行錯誤を繰り返し、塩加減をわがものとしてください。
塩を当てる大切な部分は目と口。魚は、その周辺から傷みはじめ、臭みが全体に回るので、中塩とは別に塩を当てます。にじみ出た水分は、必ずふき取りましょう。（略）
塩加減という人間の仕事が済めば、風と時間に任せればいいのです。（※04）

風と塩が作る生ハムと魚の風干し。辰巳さんは一つの確信を得ます。それは、人のすることには限界がある。あるところまで行ったら、大きな手にゆだねるほうが、ものはよくなるということです。自然の中に自分を置きながら、待つことの大切さです。人を超えたものに敬意を持つことで、モノに従う姿勢が養われ、無用な我が落ちると書いています。それは、怠けて何もしないことではありません。繰り返すから出来や不出来が分かってきます。そこまで行くと単なる料理を超えて、自分が見えてくるという確信、一種の悟りでしょうか。具体的な仕事を繰り返して得られた辰巳さんならではの到着点です。

＊煮しめ・一年の期末テスト

映画のラストシーンを飾るべき料理を何にしようかと考えていました。そんな中で、辰巳さんの言葉の中に、おせちの煮しめは和食の魂という言葉に出会いました。無数にある日本食の中で煮しめが占める特別の位置づけに関心が湧きました。魂という表現には辰巳さんの思いがこもっていると思いました。ここには日本人の、凍れる季節にも必ずやってくる春の息吹を待つ心、四季がはっきりしたこの国だからこそ、与えられた時の喜び……それがおせちに象徴されるのだと思います。一年を気持ちよく締めくくれば、やってくる新年も悪いものではないはずだ、そんな季節料理に込められた祈りは美しいものだと思います。しかも……

正月料理を思い心打たれるのは、その平等性です。だれにでも手に入るもので祝いの膳がととのえられるように仕組まれています。ご祝儀に、数の子、黒豆、田作り。これに雑煮とお煮しめがあれば正月は迎えられると教えられました。

行事食は原形を大切に、簡素にととのえたいと望んでいます。なぜなら、その心は原

形にこそ生き生きと認められ、昔を今にし、現在《いま》を問うよすがとなるからです。（※04）

「昔を今にし、現在を問うよすがとなるからです」。この辰巳さんの言葉、味わい深いものです。たくまずして料理を通した日本文化論になり、しかも貧富を超えて日本人が食の喜びを共有してきたと感じました。誰にでも手に入る当たり前の料理で年を越してきた日本人は世界に誇れる民族だったのでしょう。煮しめから、今の私たちの暮らしを改めて問うという視点を教えられる思いです。それゆえに日本料理の魂なのだと知ることが出来ました。

煮しめは何といっても日本の煮炊きものの原型であります。ありきたりの、野のもので舌にしみ入る飽きぬ味わいを持つものは数少ないと思います。しかも理想的に炊き上がったものを重箱や大鉢に盛り込んだ様は、にんじん、ごぼう、こんにゃくであるにもかかわらず、譬えようのない風格を帯びてまいります。その上、祝膳、不祝儀、いずれの席にも適する結構なものであります。

このような性格を備えた料理は、日本の食文化の歴史の中で、百年に一回ほどよりつくり出されぬのではないでしょうか。日本料理の「たましい」の部に位置づけたく思うゆえんであります。（略）

「煮しめ」のような性格をもつものは、自分の一年間の台所仕事の期末テストのつもりで自分の可能性を、も一つ、ふくらませるほどの心組みで、ばたばたせず、落ち着いて取り組んでいただきたいものです。(※01)

料理を通して自分にも問いかけるのは、辰巳さん独特の姿勢だと思います。同時に、たえず向上心をもって毎日を生きることも辰巳さんを支えています。来年は今年よりわずかでも向上したいと考えながら、煮しめを作る。期末テストという言葉もその表れのようです。年年歳歳花相似、年年歳歳人不同(年々歳々花あい似たり、年々歳々人おなじからず)。自然の悠久の時間に対して、人の時間ははかないものです。それゆえにその時その時の真実から目をそらさない生き方、これで最後となっても悔いを残さないという心構えに愛惜の情を感じます。

私は、本のタイトル『慎みを食卓に』も気になりました。慎みは、モノの豊かさの時代から、心の豊かさへと変わろうとする時代の指針ではないでしょうか。市場経済や資本主義は、常に新しい商品を買ってもらわないと、社会が停滞するという前提の上に成り立っています。その背景には消費をうながして、使えるものも廃棄するという構造があります。資源もエネルギーも限られているにもかかわらず、唯一無限なのが人間の欲望です。欲望を抑える慎みは、今最も求められる心のあり方ではないでしょうか。

表題の「慎み」について一考したいと望みます。

慎みの本来性は、心の内的態度のおのずからなる表出でありましょう。
それは「分《ぶん》」をわきまえる、分際を知る、知ろうとするところに端を発するのではございませんでしょうか。
而《しか》して、「分」の根源は、あることはある、ないことはないとする、知性と魂の選択、決定であり、それを表現する、つまりそれを生きるには、ふさわしい情感と形の習練さへ求められるものであります。（略）
真の「慎み」は、各個人の世界観による、内的心得とその態度が原点ではありますが、今やあらゆる共同体、企業、そして国家、人類としての、地球的慎みを表現せねばならなくなりました。
各分野の大人たちは己の「慾」の行方を、「分際」をわきまえ、分析せねばなりません。私《わたくし》は、私共《ども》の分野から始めます。食は、地に足のついた分野で、その気になれば、明日からでも行えるはずですから。この分野で、手足を動かす習練をすれば、その呼吸、等しい呼吸で、他の分野に呼びかけが可能でありましょう。特に食の一次生産者と手を組むことは可能です。必要な可能性です。今世紀の確かな希望と安定の縁《よすが》となるでしょう。（略）
食の窓は、一見何気ない小窓に見えますが、広く深く、しかも明確、明瞭、歴然です。この窓からさまざまな合図を送ることも可能です。国を動かし、地球環境を左右する

こともできます。（※04）

煮しめを題材にして、国の成り立ちにまで言及する辰巳さんの構想力は、調子が高いものです。誰も考えない視点だと思います。同時に、辰巳さんは極めて合理的に、煮しめを作る手順を説いています。この対極が併存するのが辰巳芳子です。

＊煮しめの撮影で語ったこと

一見簡単に見えるものが、本当は難しいとはよく言われることですが、料理も同じです。世界中から山海の珍味を取り寄せて、ひと皿にすることも料理の醍醐味かもしれませんが、その対極にあるのが煮しめだということを、辰巳さんに教わりました。煮しめは不思議な料理で容易と思えば容易、難しいと思えば難しい料理だというのです。どこにそんな秘密があるのでしょうか。辰巳さんの煮しめへの思い入れは、最初はなかなか納得出来るものではありませんでした。多分、辰巳さんの考えの根幹に触れる料理が煮しめなのだと思います。

日本の煮炊きものの原型

ありきたりの、野のもので舌にしみ入る飽きぬ味わい

譬えようのない風格
日本の食文化の歴史の中で、百年に一回ほどよりつくり出されぬのではないでしょうか。
日本料理の「たましい」の部に位置づけたく思うゆえんであります。
辰巳さんの言葉です。

この言葉には逆説があります。当たり前のことが、特別なことである。平凡でどこにもある野のものが作り出す風格の高さ。そこには、日本人が、平凡の中の非凡を発見してきた美意識の高さを感じます。この美意識は、質素や簡素なものをよしとする心の位相に関わるものです。煮しめを盛り込んだ重箱や大皿に、自然の調和した姿を連想させます。

映画では、煮しめをお重に詰めるシーンも撮影しました。辰巳さんは煮しめをお重に盛る伝統には、他の国にはない日本料理の素晴らしさがあると話していました。何でもない煮物が、重ねられて、並べられて、お互いがお互いを引き立てる四角い空間が出来上がる。さらにお重の中は、金色や赤で塗られている。辰巳さんは時間をかけ、何度も手直しし、また詰め直しました。撮影しながら、心地よい緊張を感じました。その美しく盛られたお重を前にして聞いたお話です。

○煮しめをこういう形で見ますと、構図とか色彩とか、視覚に訴える力が食の大切な世界観だと分かってきました……。

日本人は視覚的かもしれないのね。ものを食べるときに。視覚的すぎるところもあるのね。だから視覚でだまされて、本当に食べなければいけないものを食べ損なう人たちも多いですよね。

それから売るほうは、視覚的に美しく作って、本当は役に立たないものを食べさせてしまう、っていうこともあるのね。だから視覚的であることのいいことと悪いことがありますね。

○ただちょっとレベルが違ってね、彫刻とか生け花に近いような美の世界……。

そうね。それは生け花にはよく似ているし、それからものによるんだけれど、こういうものって彫刻的だと思うのね。あの、彫刻も私はのみの使い方をひとつ間違えたら全部がだめになるでしょ。やっぱり盛り付けもね、そんなに弄り回せないですものね。一発勝負でぴたっと置くべきところに置かないと、計算を立てておいて置くべきところに置かないと、やっぱり盛り付けたあとの姿に勢いがないわね。

○生け花と近いと感じられるのはどの部分ですか?

やっぱり、生け花全体の構図、しんがあり添えがあり、対があり、盛り付けもそうですね。で、それがやっぱり、饗応しあってね、そこに何かひとつの美味しいですよっていう呼びかけが生まれてくると思うんですね。味に対する呼びかけが生まれてくる。

いくつものいのちがここにね、根菜のいくつものいのちがここでひとつになっていると思うのね。根菜だけじゃなくて、だしの力もここに加わっていますね。海と、それと野のもの、そのものがひとつになっているというのは、ご馳走の少ない時代に、ひとつの喜びを、食の喜びを作っていったね、うーん、難しかったでしょうね。難しかったと思いますよ、はじめは。

○やっぱり風格のようなものを感じました。

そうですか。これはね、お皿に盛ったのと違うかもね。重箱というものはね。私、よくこそ重ねて供する形を考えたと思うのね。よく考えたと思う。最初は実質的に重ねたんでしょうけど、だんだん、中を赤にしたり蒔絵にしたりして華やぎを添えていった。相当なものだと思いますね。相当な文化だと思う。

○辰巳さんは、この国の真の姿という言葉を使われてますね。

そうね、土地柄を知るということはね、やっぱり国を正しく知っていくうえの基準じゃないでしょうか？　この国が置かれている地理的条件、それをよく端的に表しているかもしれないですね。これ、根菜は。土地柄のものだから。

この国が持っているもの、この国の土地柄が生み出すもの、それはその土だけじゃなくて、太陽も風もひっくるめての野のものだと思うのね。それが全部集約されていると思いますけど。

私はいつも、この国の本当の姿、持っているものはこれなんだっていうことを改めて新年に思い出す。自分たちが持っていて、ご先祖さんたちが頼りにしていた食べ物、それをもういっぺんひとつ心になって味わうこと、それによって、感謝も、うわつかない感謝ができるのね。

やっぱり、新年にその認識をあらたにするっていうことは、ひとつの覚悟に導いていくんじゃないでしょうか。覚悟を育てていくんじゃないでしょうか？

○新年だけじゃなくてもいいですよね。

そうです。今申し上げたのは、特に新年に、こういう民族が生きてきた道筋を確認するってことは、いいことじゃないですかね。必要なんじゃないですかね。これしかなかったんだから。

毎年、なんのときは煮しめを作るってことにしておくと、やっぱり、自分というものが分かってくるのね。やっぱりお煮しめだけじゃないと思うの。例えば五目寿司とか、そういうものも自分が分かるんですね。

○辰巳さんが、和食の魂という表現をされた。それを最後に伝えてください。

すべての民族、世界の民族の人々が、これが自分たちの魂と言いうるお料理があると思うんですね。例えばね、ポトフを作って生きてきた人たち。あの人たちはどういうポトフが作れるかってことは、やっぱり、自分たちが生きてきた道筋をたどることだと思うんですね。

同じように、私たちも野菜を炊いて食べてきた。そうやって生きてきた道筋にはね、生き抜くための、いのちを生きるべきようにして生きようとした、いのちを愛してきた、その願いがこもっていると思う。

その願いをもう一度たどってみると、持っているものと持っていないものの区別が分かっていくっていうこと。

本当の謙虚、本当の感謝が身についていくと思うんですね。それから、願うべき願い。

その願いの確信はどこにあるか、っていうことも分かってくるのね。ただお参りに行くんじゃしょうがないでしょ。自分たちが求めている核心を掴んでお参りに行ってるかどうか分からないね。だから願いの確信はどこにあるのかってことを、知ろうとしなければいけないですね。

だから、魂の中心にある、これがなければ生きられないっていうものを、体全体で扱っていくと、いのちをどこに据え置くかってことが分かってくる。そこから、本当の願いが見えてくるんじゃないかな。

しかし、日本ではどの家庭でも長く作り続けてきた煮しめは消えようとしています。例えば和食の伝統を伝えている料亭や割烹からも、辰巳さんが考える煮しめの作り手が消えています。お金にならない地味な料理には手間をかける余裕がないからだと思います。確かに、筑前煮、治部煮などの野菜の炊き合わせは、私たちが日常口にする野菜の煮物ですが、煮しめとは趣が違う料理です。辰巳流では、素材を同じ鍋で煮ないのです。それでお酒のあてにも、ご飯のおかずにも、日持ちがして食べ飽きない味が作り出されてきました。辰巳さんは、この煮しめの伝承と復活を目指し、いくつかの著書で作り方を書いています。その方法は、合理的で無駄がないので、作り手たちに料理を通して物事の流れを体得させようという意図も見えます。

＊上流から下流へ・辰巳流煮しめの工夫

この大切な料理を、多くの人たちに伝えたいと辰巳さんは考えています。そのためには、作り手が、難しく感じたり、手間がかかりすぎるのではためらうでしょう。伝統が途切れないように、どう伝えていくのか。辰巳さんは、母親が娘に伝えようとするときの呼吸を感じるような説明を書いています。その肉声を感じながら読んでください。

手順を考えて、段取りよく

ここに紹介するお煮しめは、薄味でありながら中まで味がしみ込むように煮たものです。八種類の材料を別々に煮ることは、なれない方からみれば初めに疲れを感じるかもしれません。でも、手順を考えて段取りよく進めば、いつとはなしに炊き上がってしまうものです。

材料を二つのグループに分けて、煮汁を順送りに使っていきます。煮汁を残さず使いきるのが本来ですが、正月用の場合は保存性を考えて、煮汁を三分の一ぐらい残しながら送ります。（※04）

この文章から、辰巳さんの語りかけを感じます。スープ教室では、正面にスープの分類と作り方を一枚にまとめたチャート図が貼られています。台所仕事を合理的に進めるためには、今作ろうとしている料理がどの段階にあるのかを知ることも大切です。煮しめについても、料理を二つの流れに分け、元旦に食べられるように、いつ、何をしなければならないかをまとめたチャート図を書いています。おせち料理の三の重に盛られる煮しめ。その調理は、十二月三十日の夕方四時に始まります。それは干ししいたけを水に浸すこと。その一時間後にしいたけを煮始めます。

この方法は母親ゆずりです。最初は普通の煮方と同じように具材を別々に煮ていました。しかし母は、六十を過ぎてこれでは時間がかかるし、あまり合理的でないからと二つの系統で料理することを考えついたといいます。

●第一のグループ

しいたけ、鶏だんご、ごぼう、こんにゃくの順に煮ます。しいたけを戻し汁で煮て、その煮汁で鶏だんごを煮たあと、使い送りします。

●第二のグループ

焼き豆腐、里芋、れんこんの順に煮ていきます。焼き豆腐を煮るとき、田作りをつくった鍋肌のうまみを取り込み、その煮汁を送ります。にんじんは色を大切に、別に煮ます。

（※04）

二つの流れは、煮汁を送り使いするほうがより美味しく食べられる工夫です。しいたけの養分は、肉類の生臭さを取るので、しいたけ、鶏だんごから始まり、鶏のうまさをごぼうに含ませていく順序が考えられています。

第二のグループは、煮しめには入っていませんが、おせちに欠かせない田作りが源流となる流れです。撮影は、田作りの下準備から始まりました。まず、干した3センチほどの片口いわしを紙に広げます。愛用するドイツ製のペティナイフを手のひらで握り込むようにして、内臓を丹念に取り除きます。その部分に苦みがあるからです。針の目に糸を通すような、細かい準備には時間がかかります。下準備が出来た片口いわしを厚手の鍋に入れ弱火でゆっくりと香ばしく空煎りします。それを取り出し、水、酒、砂糖を鍋に入れて弱火で煮詰め、砂糖が溶けたら醤油を加えて煮詰めます。量が半分ぐらいになったところで、先ほどの片口いわしをサッと入れてからめるのです。カラメルソースのような煮汁をまとった田作りが出来上がります。昔は小さな片口いわしを稲作の肥料にしたことから田作りの名がつけられた縁起物です。おせちには三種類の祝い肴が用意されます。

まめに働けるようつやつやした「黒豆」

豊作を祈ってかみしめる「田作り」

子孫繁栄を願う「数の子」

その田作りを作った後に、鍋肌についたうまみを生かそうというのが第二グループの流れの始まりです。鍋を洗わずにだしを加えて、焼き豆腐を煮ます。次が里芋。そこには、うまみだけは生かして、異なった食材を一つ鍋で煮て味が混じることを避けようという辰巳流の方法が生きています。調理の際に、だしで複数の野菜を炊く方法もあるのですが、どうしてもそれぞれの素材の味が影響してごった煮風の味になってしまいます。とはいえ別々の鍋で、野菜を煮ると沢山の鍋とだしが必要になります。

煮汁の送り使いは、後者の問題を解決する方法と言えます。鍋の数をあまり増やさないという点も、調理の順序を上流から下流へと時間をおくので解決されます。辰巳さんの煮しめは段取りを決めて、順序よく物事を進めるので理にかなった料理なのです。期末テストはうまい例えだと思います。

さてその味ですが、試食してみて今さらながら感動しました。素材の味がそのままのうまみとして食べられるし、野菜の違いでもある口に入れた食感が、それぞれ際立っていました。純粋で雑味のない野のものの滋味が口に広がり、どこか気品を感じる料理でした。

若い頃、和風の煮炊きものは、つかみどころがなく、悩んだ。
ある日、風が好むところを吹くように「もの」も自由と気付き、このように煮たい、あのように炊こうとの作意を手放した。作るより、従う。「もの」についてゆくことにした。（略）
西川一草亭※は、「生花」は造形ではなく、花の「いのち」のつかの間の輝きを発揚させるのが真髄と言われ、花の心、すなわち花のいのちを瓶の中に生かそうとされた。

台所仕事は、土が生み、育《はぐく》んだもの、水の中で生まれ、養われたもの、「いのち」あるもので「いのち」を作る技。

花陰に佇むように、「もの」の心と一つになり、光に匂う花の彼方の空を仰ぐように、とき放たれた心で「もの」のいのちを扱いたい。

※明治時代の華道家。（※01）

＊スープの背骨に宇宙が見える

映画のタイトルは、『天のしずく　辰巳芳子〝いのちのスープ〟』と名付けました。スープとは何か、改めて辰巳芳子のスープを考えたいと思います。スープは穀物、野菜、魚介類や肉、塩をはじめとする調味料などの栄養とうまみが溶け込んで絶妙なハーモニーを作り出した食べ物です。その基本にあるのはすべてを溶かし込んで、まとめる水の力です。その水こそがいのちの源です。

最初に映画の企画書を書いたときのメモです。

「辰巳芳子は、この国の底が抜けたと考えている。

自国の民が口を糊することも出来ないような食料の生産の実態。

競争社会の中では、生きることの喜びや、幸福感を感じることは簡単ではない。

辰巳は、日本人の荒廃する心の闇を照らし、いのちを充実させるよすがを願っている。
その、小さいが深い一歩が、食に魂を吹き込むことだと言う。
人と人の間に愛と喜びを育てること。
何故、日本中で静かに辰巳芳子のスープが広がっているのだろうか。
いのちの始まりに母乳があり
いのちの終わりに唇をしめらす末期の水がある。
人のいのちは絶えることのない水の流れに寄り添って流れる
健やかに人生を過ごす妙薬が辰巳芳子の天のしずく（スープ）である
科学技術と経済大国の目標にかわり
人間が幸福に生きる国へのレシピを提供しようではないか」
この映画では水の表現にこだわりたいと考えました。水がなければいのちは誕生していません。
水の惑星地球だけが生命を生み出した星です。その地球で誕生した私たちの体も60％以上が水で出来ています。胎児は母親の羊水の中で育まれ、その成分は海と同じです。天から雨や雪や雹が地上に降り注ぎ、大地を潤した水が、木々やすべての作物を育てます。あらゆる作物は太陽と水の力で成長し、他の生物を養っています。
辰巳さんの文章に「水のこと」があります。

水は、天地、火、風と同一の次元にあって、始めもなく、終りもない御者の掌中に属する。

人が養われるもので、水によらぬものは、何一つない。（略）

私どもの先祖は、都を定める、築城する、神社仏閣を建立する場合、水を調査し、水に恵まれていることを第一条件にした。京都は名水の地である故に都として定められたが、中でも京都御所は最高の名水を得ていると学術書で読んだ。

私が水に開眼したのは、松島・瑞巌寺の湧水によるお茶のふるまい。飲んでも飲んでも、きりなく頂戴したい、不思議な飲み心地の故であった。（略）

達人の作る汁もの、スープも水を超えることはできない。しかし水に準ずる〝お養い〟であるところに、汁ものを作り、すすめる意味があると思う。また、水に準じたものを作らねばならぬ意味もある。（※07）

映画の始まりは、夜露を集めた芋の葉の水滴から始まりました。密教の空海の言葉に「五大に皆響きあり」があります。ギリシャ哲学でも宇宙を作り上げている万物の根源を考えてきました。世界最古の哲学者と言われるミレトスのタレスは、万物の根源を水と考え、その後アナクシメネス、クセノファネス、ヘラクレイトスなどがさらに空気、土、火をアルケーとし、四元素説がギリシャ哲学の主流となりました。それはアリストテレスに受け継がれ、西洋思想を支配してきたのです。

空海の密教思想では、それに天を加えています。この中では火だけは物質ではありません。しかし、人間の歴史の中で火を使うことが動物から人への大きな転機でした。料理は火を使うことで実現した革命だったと思います。食は人間の歴史と文化の根幹に関わる行為です。五大の中で、水と火が、スープを作り出します。

辰巳さんの母・浜子さんは素晴らしい文章を書き残しています。辰巳さんの見事な文章には、その母の遺伝子が受け継がれていると思います。その母・浜子さんの火に関わる随筆を紹介したいと思います。

火と水の扱い

太古の人々は水を求めて水辺に居を構え、火を作り出したことによって人類は進歩しました。大気と火と水がなくては私どもは生きてゆけません。この当たり前のことが、あまりに満ち足りた世の中になったので〝有難さ〟が忘れられているかのような現在です。薪、木炭で炊事をして手押しポンプの数を数え、水の節約は己れの労力の節約でもあった明治者には、いまだにひとすくいの水も無駄にしてはもったいないとの根性がしみついてしまっております。

米をとぐ、きれいにするための水は充分使いますが、そのとぎ汁は流しません。食器、ふきん、鍋釜、野菜などの下洗い用にするか、あるいは、畑、植木に撒くとか、意識するしないにかかわらず、手がそれを覚えて事を運んでいるのです。蛇口から勢いよく出る水しか知らない人たちに、水は貴重なもの、大切なものとどう説明しても感じとってもらえません。水道料金を支払えばどう使おうとこちらの勝手で、一杯の水くらいにつべこべケチケチいう口うるさい婆さんだ、くらいにしか扱ってもらえません。（略）

火の熱によって煮炊きが可能です。はじめトロトロ中パッパ云々は、ご飯を炊く火加減を教えた言葉ですが、薪、木炭、ガス、電気、電子と、熱の進歩もいちじるしく、原子時代ともなれば想像だにできぬ様式に変るでしょう。木炭の生活時代には、鍋物の火組は、煮はじめてから食べ終るまで、途中で木炭を継ぎ足さずに火をもたせるような組み方でした。餅を焼く、海苔をあぶる。干物、魚の塩焼にいたるまで一様でなく、それぞれの工夫が要望されるのが日本料理の細やかさであったわけです。火をおこせる女は家を興す、おこした火を長くもたさなければ女房として資格がないともいわれました。「冬上夏下」とは、冬の火種は上に夏の火種は下に置けとの言い伝えです。何をなすにも自然に逆らわなかった昔と、すべて科学の恩恵で生活する今日とに、大きな相違が生ずるのは当然ですが、火や水までがおあてがいぶちになりました。（略）水道の栓を手荒くひねるくせが手につくと、ガスの栓も荒くしかひねれぬらしいのが共通のようです。世の中が進歩発展しても、水を治められる女、火を使える女が、やはり家庭の主婦としての有資格者といえそうです。（※16）

続いて娘・芳子さんの火力についての文章。

親の代からの台所仕事を見て、七〇年。くらくら、ぐらぐら煮てよいものなど一つもないと考えている。

ガス火の全開を10とするなら、10のまま使うのは、沸騰した湯がほしい場合だが、沸騰したまま用いるのは麺をゆでるときくらいだろう。青菜でも、やや温度を落とすし、肉の湯引きさえ、ぐらぐらにぐらすことはない（ただし、骨類はぐらぐら）。

魚なら、あらで八五度Cくらい、肉身は八〇度Cくらいに下げる。あなごの湯引きなど、風呂に入れてやるくらいのつもりで行なう。

したがって、スープの具材を炊いてゆく場合、決して10の火を10で使って煮立ちをつけない。中火の強――10の火を7か8で使う。このようにすれば、くらくら煮てしまったという失敗を引き起こさずにすむ。

これは、大切な大切な味の鍵である。

10の火は1から始まる。2―3までが弱火、4は弱火の強。5―中火、6―7―8は中火の強、9―強火、10―最強。加えて0がある。これは余熱。余熱の計算ができるようになれば、仕事は楽しい。

愛の世界にも余熱があるでしょ。「残心」なんて言葉を、態度で表わせたらね。（※07）

第五章　カメラが見つめた４００日

＊ポタージュ・ボン・ファムの撮影で

辰巳さんの台所仕事を映像に記録することは映画を成立させるための大きな柱でした。材料を調え、料理が出来るまでの手順は時間がかかります。そのゆとりに、問わず語りで沢山のお話を聞くことが出来ました。そこには辰巳さんの料理のかくれた秘訣が詰まっているように思います。その一部を紹介していきます。

○ボウルの中でお米を研ぎながら

この研ぎ水はね、なかなか大事なものでね、食器洗いに使ったり、それからアクのある野菜を茹でたり、それから庭のベランダの植物にやったりしますと、思わない効果があります。だからはじめの濃い間の糠水は捨てないほうがいいわね。結構これで食器などもきれいになります。

○ボウルを回しながら

お米を研ぐときの気持ちって、あの豊かさとか健康を感じるとかね、元気でいいな、とかそういうことじゃないですかね。やっぱり今日の無事にかかっていますからね。無事は貴に通ずって言ったんでしょう。貴い。

○ポタージュ・ボン・ファムを調理する最初にセロリを切りながら

厚みの違い、あのね、野菜の厚みの基本はじゃがいもなんですね。ポタージュというものはスープの総称だけれども、ああいうとろみのついたスープの主役はじゃがいもなんですよ。このじゃがいもの約半分ぐらいが人参。

○主役ってどういうことですか？

味においても、それからたぶん栄養的にもそうじゃないのですか。じゃがいもの性格に負うところが多いんじゃないかな。

○じゃがいもの性格って？

小麦に準じて、穀類に準じて、主食を担うということでしょうね。

○切った野菜を比べて見せながら

そしてあとセロリと人参は同寸ぐらい。これで炒め時間を調節しやすいんですね。それから玉ねぎは一番最初からいわゆる別格の扱いで炒めていくから、これはこのぐらいの薄さに切ればそれでよろしいんですね。おんなじ寸法に切る。

○玉ねぎを炒めながら

こうやって冷たいお鍋に玉ねぎを入れ、そこにオリーブオイルをかけて、玉ねぎに油をよくまぶす。その油がよく混ざった玉ねぎを他の野菜に混ぜ込むようにして、蓋を使いながら、蒸らし炒めをしていきます。西洋料理で一番味の素になるのは実は玉ねぎなんですね。だから玉ねぎの炒め方を間違うとお料理が美味しくならないですよ。玉ねぎの選び方は気をつけなければいけない。切っていて、刺激臭が上がってくるような玉ねぎはやっぱりちょっと使いにくいものですね。

○蒸らし炒めをしながら火を覗いて

火はね、10の火を3から4くらいの火力で玉ねぎに火を通していきます。薄手の鍋では絶対この仕事は出来ません。多くの方がね、強火・中火・弱火、この三つくらいの分類で火力をおっしゃるんだけど、私は0から10まで。0というのは余熱のことです。玉ねぎの刺激臭が取れたらば人参を入れます。香りの底に甘い匂いが出てくるようになった。

○野菜をミキサーにかけて裏ごしして再度温める。

艶が出てきたでしょ、こうやっているうちに、艶が出てくるから。やっぱりただほっといてもいいってものじゃないね、艶が出てこなきゃ。このへらだとね抵抗なく混ぜられるのね。じゃあ牛乳入れます。

○牛乳を入れてへらで混ぜる。

さっきの残りのスープもちょっと入れます。お汁粉じゃないからねスープは。ボン・

ファムっていうのはね、よい女性っていう意味でしょ。よい女性っていうのは、要は万人に万事なんですよね。だから働き盛りの人はもちろんだけど、赤ちゃんからもういのち絶える方まで飲んでいかれるものなのですね。ほんとに抵抗のない、くせのないものです。やさしい味の素材ばっかり集めてあるから。……こんなもんでございましょう。

＊茎と葉は別物？

撮影中の辰巳芳子さんの問わず語りは続きます。カメラは辰巳さんの手元を見つめています。

○小松菜の下ごしらえをする辰巳さんに「どうして葉っぱと茎を分けるのですか？」

だってね、葉っぱと茎はね異質のものなんですよ。小松菜って全体が同質だと思うと大間違いですね。まず繊維のあり方からして違うでしょ。だから多くの人たちが菜を頭からお湯に入れて、ズボッと繋げて出すじゃない、あんなことやったって始まんないですよ。それより、初めから別々に切り分けて茹でるほうがよっぽど、食べて美味しいものになりますし、場所によって別の使い方するのね、葉は葉で使い、茎は茎で使うほう

が美味しい。手と足と使い方が違うようなもんですよ。

○お鍋のお湯にざるに入れた小松菜を浸す。

みんなひとつまみっていうような表現でおっしゃるけれど。そうじゃないんですね。ここで下味がつくようなぐらいの塩加減で茹でます。

○再び火をつける。

で、菜っ葉はね瞬間的に変化するから、このようにしてちょうどいいと思ったときに引き上げるためにはざるに入れて茹でるほうがいいですね。

○ざるごと氷水に入れる。

それでこうやって入れて、色を出す。茹でる時間は葉と茎では三倍ぐらい違います。コレがね、母の言うまごころの込め方なのね、愛は込め方だって。

○茎の堅さを確かめて茹で上げる。

一生半端なおひたしを食べるのと、ちゃんと茹でたおひたしを食べるのと、相当変わってきちゃうんですよね。

○青菜を手に取り、水を絞りながら

人差し指の側面はとっても敏感だから、汁がどれぐらい絞れたかっていうことを感じようと思ったら人差し指の側面を使って仕事するのがいいと思いますね。

○青菜を絞る手元

この菜を絞るときはいつも思うんだけど、ここが非常に敏感なところだと思いますね。で、右手の人差し指をこうあてがいまして、軸にして青菜を絞っていく。そうすると、どのぐらい必要な青菜の水分を残していかなければならないかということを感じます。それをこの人差し指が非常によく教えると思います。敏感に分かると思います。

○小松菜とあさりの和え物、小松菜とあさりのスープをこの日は撮影していた。和え物については辰巳さんの家に長く伝わってきたものだと聞いた。

これ江戸の料理じゃないかしら。小松菜っていうのは、江戸の小松川っていうところの菜っ葉。それでその丁度小松菜の旬とあさりの旬というのはね手を携えて現れるんですね。手を携えて現れるものって必ず相性がいい。その相性のよさを合わせて食べていくようにしたのがこのあさりの和え物。小松菜とあさりの和え物ですね。それであさりの生臭さを、ちょっとからしを忍ばせて抑えて和え物にしていく、そこがね、なんとなく非常に気がきいたところですね。

○祖母から、母、芳子さんへ女性三代の工夫ですね。

そうね。代を重ねるとそのような自然な形で人様のお役に立つものが出来てくるんですね。だから時間の経過ってね、無駄なものが落ちて、必要なものをいい形で使っていける。お料理の場合にはね。でも、他の学問やなんかでもそうなんじゃないですかね。

○小松菜とあさりのスープの調理。鍋の中で木べらを使い混ぜながら、小松菜のスープが出来上がっていく。

あのね、つなぎのあるスープっていうのは裏ごしをかけて、素材を渾然一体とした形で食べていくってことですが、不思議なことにヨーロッパの手法なのね。日本にもちろんないし、中国でもないですね。あたし思うのだけども、なぜこれがヨーロッパにあるのかっていうと、ポトフの鍋が常に火にかかっていて野菜と肉が入っている。四六時中火の上にあったのかもしれない。そうすると、煮えた野菜を食べ、肉を食べ、また足らないモノを入れ、その順繰りで炉端にあった。そうなるとその鍋底には必ず煮崩れた野菜があったはずなのよ。それをある日のことすくい出して、食べてみたら子供に食べさせやすい年寄りに食べさせやすいっていうことがあったかもしれない。それからそれに気づいて賢い人がわざわざ野菜を煮崩してスープにしていったかもしれない。物事の発祥ってそのように分析していった人が発達させていくものじゃないかしらね。

○辰巳さんは小松菜とあさりのスープを木べらを使い渾然一体となるようにかき混ぜていきました。

鍋底を回すときにね、ぜひへらも、しゃもじも、直角に使ってほしい。でないと周りにつくものができて、周りについたものは死んだものになっちゃうんですよ。斜めに動かすとねスープが鍋の縁にくっつくの、鍋に直角に動かすようにするときちんと遠心力が働いてへらもうまく回るし、底は焦げつかない。玉じゃくしで回すときも、底を鍋に垂直に当てるんですね。こういうこと誰も言わないな。艶を帯びてきたでしょ。見てください。

＊白和えを作りながら

白和えの仕事では、辰巳さんのこだわる道具のお話をたっぷり聞けました。すり鉢は幅広い料理に欠かせない辰巳さんの必須の道具です。このすり鉢は辰巳さんのアイディアを生かして特別注文で作ってもらったものです。子供の頃から、母に言われていつもいつも胡麻をすってきた経験を生かした道具となっています。

昔のすり鉢とすりこ木では、ここまで仕事が楽に早く出来なかったんですよ。このすり鉢とすりこ木によって非常に仕事が楽になった。何故かっていうと、このすり足を増幅したのね。すり鉢のカーブを広げた。それからこの、すりこ木の頭を大きくして、大

きいまんま従来のように大きい一本でやるんじゃ握ること出来ないから、細くしたでしょ。握りを細く、頭を大きく。それですり足がこれで3センチぐらいはあるんですね。従来のものですと1センチだけ。それじゃあね仕事になんないんですよね。母はね、すりこ木がすり鉢に吸いつくくらいすってくれといつも言ってね。まー大変でしたよ。

○すりこ木を回す手元のアップを撮影

このすり鉢の広がりがあるから腕力を使いたいように使えるのね。この頃ね、形だけのすり鉢が流行って、この縁を内側に向けたものがありますけど、あれは法則に反するんですね。

○胡麻がすれて粘り気も出てきた頃に

あーよくなってきた、すりやすくなってきた。あるところまですると軽くなってくるからね、そこまでやらなきゃね。いいでしょう。ぼつぼつよろしいでしょう。へらで胡麻を中央に集めますね。

○そのすり終えた胡麻を馬毛の裏ごし器に

モンゴルのなんか大切な輸出品にしてくれたらいいのにね。この白和えの味はね馬の尻尾のケバが作るのよ。縦横だけだったらナイロンでもいいのよ。カネでもいいのよ。ね。馬毛じゃなきゃならないっていうのが馬のケバですよ。尻尾のケバ。でもね、昔の人がどうしてそれに気がついたんだろうね。

○胡麻を少しずつ裏ごし器にのせ、木べらで押し込むようにこす

カクテルソース、カクテルとして。カクテルってね、ああいういろんな前菜用のソースがね世界にいろいろあるけれど、私これは世界一のカクテルソースだと思いますけど。前菜用のソースだと思いますけど。

○辰巳さんは馬のケバを張った裏ごし器で十分微粒子のように滑らかになった胡麻を再びすり鉢に戻し、豆腐を割り入れて混ぜ合わせました。その上で、絹糸を張った裏ごし器でへらを使い、こしました。映画の撮影には完璧な仕事を記録させたいという意図でした。さらに押しつける木のへらについてもこだわりがありました。

まだざらざらしてるでしょ。ほらね。これを絹を通すとざらざらがなくなんのよ。まだざらっとしてんでしょ、もう一回やんですよ。絹を通す。さあ、じゃ絹を通しましょう。ね、ほら見てください、絹の上に胡麻の皮が残ったでしょ。ほら残ってる。

そしてね、なんでもないことなんだけど、この長さがね、へらの長さが返りがいいんです。短くてもダメよ。長くてもひっくり返って思うように力がかかんなくなるからね。あるんですよ、言うに言われないことが。みんな寸法を計って作ってもらった。はい、こうゆうことね。


これた胡麻の色艶と、見た目でも分かる滑らかさは、特別でした。この和え衣も、すなわちカクテルソースは、辰巳さんが世界に誇れる和食の極だと考えてきました。


日本料理を味わいながら、ふと、世界の標準の中に据えてみる。自国の味をいとおしむ故かおいしいにつけ、まずいにつけ位置づけ心が働いてしまう。

昆布とかつお節で引く日本の出し汁、目を閉じて、すっと味わう。これで、コンソメに太刀打ち出来るか、誇ってよいか？　けんちんやさつま汁。欧風の田舎スープに比し、野菜の扱いは民族の知恵が反映しているか、否か。これならと思い、これではと工夫する。

こうした中で、これだけはと安心しているものがある。それは〝あえもの〟である。

あえものはご存じのように、主役の脇につつましく控え、人目を奪うものではない。しかし、舌に優しくまといつくあの微妙は、椀物、煮物、焼き物にないものであり、また、そのように作りたいと、ぜひ望まねばならない。

昨今、面倒なことは避ける風潮で、本当の胡麻《ごま》あえ、白あえ、白酢あえに、正面切って取り組む人々は少なくなった。

したがって、一はしひとはし惜しむがごときあえものを賞味出来る機会は少なくなり、この力説は納得していただけないかもしれない。しかし、あえ衣の〝地〟からでも見直していただきたい。

胡麻、くるみ、豆などのコクを作り出すもの、変化に富む味噌の類、しょうゆのうま味、甘口地酒の助け。加うるに豆腐。邪魔だてせず性根は深く、色も口当たりも乳製品のごとく。

以上を擂ったり、練り上げたり、絹ふるいにかけたり。このように静かな緊張力のみなぎるドレッシングは、つまりソースが世界にまたとあるだろうか。（※01）

この先は、何を和えるかです。きゅうりの下ごしらえにも、発見がありました。きゅうりを絞る手元を見ていると、手のひらを丸めて切ったきゅうりをのせて、指で水分を絞り始めました。

あのね、多くの方がこうやるんですね、こういうふうに。あれはね、絞り加減が分からない、だから、絞りたいものの材料の頭を、ピタッと人差し指の側面を当ててそしてこう絞りますと、どのぐらいの水分が残ったかよく分かるんですね。

○手から滴り落ちる水分

こうやってね、指の間から不規則に汁が落ちて行くのとは違うんですね。私ね、食べるものはなんでもないものが美味しくなければならないと思うのね、でそのためにはこういった見逃しちゃうような作業をおろそかにしないことですね。

○誰かから教わったんですか?

教わらないですね。教わらないけど母はね、こういうことを〝心の込め方〟って言ったんですよ。

おまえさんは心の込め方を知らないってのはこういうことなんですよね。

あの、手をとっては教えなかったから、だからどんな少量のものでも指を添えて絞ると適切に絞れるんです。このように。

いじめないのよ、材料を。
ちゃんと材料のご機嫌をとりながら仕事を進めるのね。
○当たり前のことが美味しいって凄いことで、その秘密はなんですか？
そうね、その秘密。あのね、一段階一段階絶対に材料をいじめないことです。抑え込まない。絶対材料を抑え込まない。いじめない。材料が喜ぶように喜ぶようにしていけば自然に美味しさってね、溢れ出るものなんですね。

＊天と地を結んだ二人・宮﨑かづゑ

映画『天のしずく』には、最初の構想では考えていなかった出会いや出来事がありました。劇映画もドキュメンタリー映画も、映像で人間を描く意味では同じですが、冒頭から結末まで、物語のすべてを作家が考える劇映画は、作家の頭にないものは表現しようがありません。ドキュメンタリーには最初には想定していなかった出来事を組み込んでいける事実の力があります。

映画の骨格は、撮影開始の前の年にあたる２０１０年に出来ていきました。重要なことがいくつか重なったのです。
2010年三月二十二日には辰巳芳子さんが放送文化賞を受賞。
七月十一日には鳥取県で実施された、日本ホスピス・在宅ケアー研究会に、辰巳さんが招かれました。このときの講演の反響はとても大きく、多くの人が辰巳さんの思想とスープに関心を持っていることが分かりました。講演会で辰巳さんが聴衆に渡した『食に就いて』の一文は、私の創作ノートの表紙に貼り映画の基本コンセプトとしていつも読み返す資料となりました。

―― 食に就いて ――　辰巳芳子

「いのち」の目指すところは
「ヒト」が「人になること」「なろうとすること」

この命題にむけて、「ヒト」が心すること。
●いのち（神佛）の慈悲から、目をそらさぬこと。
●愛し愛されることを、存在の核にすえること。
●宇宙・地球　即ち風土と一つになり
　その一環として生きること。

●「食べもの」をつくり　食すということは、
この在り方を尊厳することである。

手は熱く足はなゆれど
われはこれ塔建つるもの　――――　宮沢賢治

どの講演会でも同じですが、辰巳さんへ憧れたファンの方の行列が出来ます。しかし、辰巳さんは、「私のこの文章を分かってくださる方がどれだけいらっしゃるかな」とつぶやくのです。それは、映画を作るのなら、私の考え方の内奥を伝えていただきたいという気持ちの表れでもありました。宿題を抱えての映画製作前夜でした。

その二か月後の九月五日、想像もしなかった手紙が、国立療養所長島愛生園から届きました。長島愛生園とは、日本初の国立ハンセン病療養所として作られた施設です。手紙を書いたのは、宮﨑かづゑさん。１９２８年（昭和三年）生まれ、十歳で家族と別れ、以来今日まで、この瀬戸内海に浮かぶ長島に暮らしています。手紙は、苦楽をともにした親友ががんで食べ物が喉を通らなくなったとき、放送で見た辰巳さんのスープを飲ませたというものでした。

鳥取の大会で紹介した、「ヒト」が「人になること」を体現するように、真摯な人生を生きてきた一人の人物が実存していました。映画で何をどう描くのかを考えていた僕に、光が突然射してきました。辰巳さんにとっても、考えてもみなかった出会いでした。

手紙を読んでね、これは自分はいろいろ悔い改めなければいけないな、こういう生涯を生きる人がいるんだと思ってね。

私はね、神様は、あの方と友達になることによって、私の最後の仕上げをさせてくださるのかなって思うんですよ。

よかったですよ。本当によかったわね。それもスープのおかげだと思うとね、スープのご縁だからね。不思議ねえ……。

そこから、二人の電話でのやりとりが始まりました。辰巳さんに出した二通目の手紙も、宮崎さんのまごころがこもっているものでした。

辰巳先生、先日はお電話でお声を聞かせていただき誠にありがとうございました。

……私の手足は不自由になっておりますが、若き頃からのことでございますし、それを意識していては毎日を楽しく送ることができません。皆様のようにさらさらとものをこなすということは一切捨て去り、何事も私流でいろいろ工夫してきました。

ふと気づけば、包丁の握り方が変わり、ものの刻み方が変わり、不自由だということを意識することなく自然と、夫が釣ってくる魚を生かし、畑で作ってくれる野菜を生かし、その時々に応じていつの間にか身につきましたことを細々としてまいりました。そのことは喜びでこそあれ、病気を嘆くということは私にはあまりありません。そして、亡き彼女に食べさせたい一心で、辰巳先生に手ほどきをいただいたあのポタージュを作りましたことをこんなにも先生に喜んでいただき、身に余りすぎて言葉もございません。あの、テレビでの先生の授業を思い起こした時の感動、喜び、感謝、今もなお心に残っております。ありがとうございます。

辰巳さんは、運命を感じていました。十一月に神戸での講演が決まっていたので、一期一会の出会いのチャンスと考え、長島がある岡山県に足を延ばす決心をしました。

しかし、二人の出会いを撮ることは簡単ではありませんでした。ハンセン病には長く偏見と差別の歴史があります。カメラを持ち込む取材は、撮影目的に関して事前の説明と了解が必要です。愛生園で許された従来の取材は、差別の実態を告発し、ハンセン病の実態を社会に伝えるためのものがほとんどでした。しかし、『天のしずく』は、一人の素晴らしい人間として、宮﨑かづゑさんを紹介するという、前例のないものでした。

十一月一日、宮﨑さんと、矢内プロデューサーが会い、素直に話し合う中で取材が可能となりました。その際、宮崎さんは取材の方法について、いくつかの希望を私たちに示してくれました。ハンセン病を、固定観念で見てほしくないという気持ちを感じるものでした。また、そこに宮崎さんの清らかな心が溢れ出ているものでした。

●長島を見てもらいたいと思っています。
世の中では誤解されていることがあるので、ちゃんと説明したいと思っています。
私は心から満足して暮らしています。
風景がなんといっても美しいのよ。
そこで何気なく暮らしている。何の不自由なことはない。
満ち足りて暮らしています。
●映像に撮ってくれるなら
詩のように　きれいに
美しい風景と海岸の凪とキンモクセイの花
この風景から私を感じさせてもらえると嬉しい。
そこに私の言葉もちょっと。
●ありのままを撮ってください。
不自然な体勢はイヤです。

あなたにおまかせします。
私は長年の病気で顔の表情が動きにくく、今年、白内障の手術をしたので
外に出るときはサングラスをしていて、とても見栄えが悪いの。
●夫が陶芸をやっている。私もはじめた。
手で土を触れる楽しみ。
●人生でこんなことが起こるなんて、思ってもいなかった。
震えるほど、嬉しい。
●長島の入り口で海が見えるところまで、お迎えに行きます。

脚本は完成していませんでしたが、二人の出会いはぜひ記録しなければと考えました。一期一会の出会いの場所を決めたのは宮﨑さんです。目の前には瀬戸内海の青い海が広がり、眼前には島影が長く伸びる長島が一望できます。内海にはカキ養殖の筏が海に浮かぶ、素晴らしい眺望でした。まず、美しい風景の中に生きてきた自分を見てほしいという宮﨑さんの心が伝わる場所でした。

２０１０年、十一月二十五日にその場面を撮影。この映画は、スープを通して人と人のドラマが描かれていく心をうつ物語になるかもしれないと感じました。撮影しながら映画のクライマックスが一番初めから立ち現れたような感激を覚えました。

＊宮崎さん・辰巳さんの対話

（T：辰巳　M：宮崎）

T）宮崎さん。あーこんにちは。はじめまして。

M）はじめまして先生。ありがとうございます。感謝です。本当に。

T）とんでもない、とんでもない。

M）先生が教えてくれなかったら彼女に食べさせることできなかったんです。彼女に対しても何もできなかった、できなかったって悔やんでたのに。彼女に食べさせることができたあ、と思って。本当に、今でもそのことを思ったら胸がいっぱいです。

T）あたしもこんな日がくるなんて思っていなかった。電話でお話しするくらいはあるだろうけど。

M）先生、私どきどきです。先生来てくださるなんて。美しいところなんです。

T）もうびっくりよ。こんなところ見たことない。

M）あの千切れそうなところが船越って名前なんです。まあどういうところから来たかわかりませんが、全景が船の形しとるっていうので船越っていうんですよ。いろんな古い名前が、万葉集にあるんですよ。長島の。東の端に大きな立岩という岩があるんですけど、それがね、私も読んだことがあるんですけど、万葉集に二首、立岩について読んだことはあるんです。

T） 私こんな景色見たのはじめて。宮崎さんは若く見えますね。

M） 昭和三年生まれなんです。二月のはじめに。辰年です。辰巳先生の辰年でございます。両親や祖父母に。体が弱くて学校に行けないので、かづゑは裁縫習って一生家にいていい、縫い物していればいいから、っていうふうに言われ、あたしもそうなんだって思っておりました。

T） あなたの行き先を親として見ていらっしゃるから、深く見ていらっしゃるから、裁縫してこうやればいいって。

M） 祖母がみんなの着る物をせっせと縫っていましたので、ああ、あんなふうにするんだと思っていました。それで何かすることに全部手出しするんです私、いろんな手仕事全部覚えちゃうんですけど、邪魔だからどきなさいって言われたことがないんです。だからカイコ飼うことも自然と覚えたし、桑をつむぐのもいつのまにか得意になってしまって。母は明治二十三年生まれって聞いたんですけど、でかけることがあればくっついて行ったのは私なんです。

T） あなたがお書きになったので、お母さんといっしょに桑畑に行く話があるでしょ。私もあれが忘れられないね。

M）何かのめでたい行事があって、私も行きたいんです。だけど母は一番遠い畑で一人で桑をつんでるから、私は絶対ついていかなきゃって、こりかたまってしまって。よそ行きの着物が着れるのに、なんて子なんだろうと言われた。それだけは覚えていて。

T）あれはすばらしい文章ですよ。

M）両親のもとにいたのは十年間なんです。私の体は祖母が見てくれているのに、心と目はいつも母を見ていて、働き盛りですから家にはおりませんでしたけど。

T）あなたがおうちを出られるときっていうのは、おじい様もおばあ様もまだいらしたの？

M）祖母は七十歳っていうのを聞いています。家を出るときに、おばあちゃんには二度と会えないかもしれないなあとは思いました。

T）その頃痛いところあったの？

M）学校に行くのに少し足が不自由だったんです。それで虚弱児でした。一日行ったら三日寝込むっていうくらい。この子は大人になりませんので、どこにもやりませんって、ずっと言ってくれてました。最終的に、私が行くって言ったんです。なんでも私が決断するんです。家を出るときも、足のときも。でも自分から言い出したので、悔やむことがないんです、先生。

T）学校へ行けるんだったら行くってご自分でおっしゃったの？

M）はい。母と二人だけのとき、囲炉裏のそばでね、「お母ちゃん、行く」って言ったんです。「行くか？」って言われて、「うん行く」。それだけ。それからだれも何も言わなかったんです。で私も忘れていたんです。みんな表情も変えないし、態度も変えないし、ただただ、夜になるとお灯明あげて、仏さんのところでお経をあげてくれるので。私をまんなかに置いて、祖父母と、私の後ろに両親と、毎晩。それは子供ながらに、ありがたいと思いました。

T）ああすばらしいですね。それがやっぱりね、そういうことがあなたを支えたのね。

M）だから、病をうらむとか、嘆くとかはぜんぜんなかったんです。苦しいのは苦しかったですけど、嘆くっていうのは、親に対して申し訳ないですもの。

T）こんなことであなたと、こんな景色を前にあなたとお話できるなんてね。どうしてこういうことになっていったかわからない。

M）感激です。はい。

T）不思議なことですねえ。

M）不思議ですねえ。長生きしてよかったです。人間は生きているべきですねえ。私、5、6年前でしょうか、ここまで生きてこなくてはわからないことがあったと思うことがあります。

T）私も八十過ぎてから見たり聞いたりすることって、また別ね。

M）別です。ここまで生きてこなくちゃわからなかった、ということがあるんです。
T）私もそう。お互いによかった。（二人で笑う）よかったわ。本当によかった。ねえ。はあ。こんな景色のところであなたとこんなお話ができるなんて。夢のようだ。いいところ選んでくださったのですね。

出会いの後、辰巳さんは宮﨑さんの自宅を訪れました。夫妻は庭があり瀬戸内海が見える景色のよい住宅に暮らしていました。宮﨑さんは、台所に立ち、西さんに作って飲ませてあげたままのポタージュ・ボン・ファムを用意しました。辰巳さんが伝えてきた〝いのちのスープ〟を辰巳さんが口にしたのです。自分から始まったスープの輪が、自分自身に返ってくる象徴的な時間でした。輪が閉じられたときに、辰巳さんが何を感じたのか、カメラはその表情を追いました。

T）こういうスープをいただけるとはね。
M）もう先生のおかげです。
T）ああ驚く。いただきます。
M）ありがとうございます。お塩はいっさい入れていません。
T）うん、やさしいお味ね。ありがとうございます。西さんにあげた通りに作ってくださったのね。

M）もう先生、それ以外に作りようがないです。はい。

T）そういう難しい方がね、召し上がれてよかったわね。

M）悲しいですけど。今年までぜんぜん抜けなくて。困りました。彼女がいないことに慣れなくて。はい。

T）でも西さんがこれを召し上がったかと思うとね、

M）本当にうれしかった。おいしいって言ってくれたので。ただただ。ありがとうございます。先生。

T）あなたのスープを飲むなんて思っていなかった。お互いにね。

M）飲んでいただくなんてもう。ありがとうございます。

T）大変なスープ。私ね、そうね、こうやって自分の教えたスープをね、招かれて飲んだことないの。試食で持ってきてくださるけどね。お弟子さんのおうちにお招かれしてね、こんなにしていただいたことありません。なんだかはじめで終わりみたい。

M）本当にありがとうございます。

T）ありがとうございました。不思議なことだなあ。

M）あのときあまりにも無心だったのが不思議なんです。家庭でただ黙々と作って、朝早くに出かけました。はい。もう本当に言葉になりません。ここに先生がいらっしゃることすら不思議です。

T）私も不思議でたまらない。あなたのおっしゃる細い光ですか。

M）くもの糸より細い光がずっと私をさしているように、ずっと思っています。生きているということも不思議ですけど、こういう展開は考えもいたしませんでしたので。

T）なんでしょうね。いのちって不思議なものですね。

M）そうですね、本当に。

＊天と地を結んだ二人・栗田宏一

栗田宏一さんは現代美術のアーティストです。土を使った美しい作品を以前見たときから心を惹かれていました。栗田作品を映画の中でも生かせないだろうかと、いつの間にか考え始めていました。いのちの源、水は天と地の間を循環しながら、あらゆるいのちを育んでいます。雨・雪・雹・霧などの水の恵みは、生物を養い、川となり海に流れていつかは蒸発して天に帰っていきます。冒頭の芋の葉のしずくと、呼応するような大地の映像イメージがありました。

栗田さんの撮影が、映画の最終シーンとなりました。撮影現場は長野市松代の文武学校。柱が一本もなく太い梁で支えられた大空間の槍術所に作品が展示されました。息をのむような一握りの土の美しさにはスタッフ全員が感動しました。天のしずくを受けとめる大地の不思議。宇宙の恵みを感じる栗田作品となりました。この作品を前に二人は初めて出会い対話が始まりました。

（T：辰巳　K：栗田）

T） 栗田さんね、こうやって拝見して不思議に思いますのはね、どうしてこんなに土に関心をお持ちになるようになったかっていうことですね。

K） 若い頃インドやアフリカを旅して、いろんなことを勉強したつもりで帰ってきたのに、実は帰ってきたら日本のことを何も知らなくて、まして自分の足元すら見ていなかったということにとてもがっかりしたんです。で、とにかく足元を見つめなおしてみようと。そういうところから、何気なく手にとってみたらこんなに知らない世界があったんだっていう驚きを感じました。

T） そうね、栗田さんの作品を拝見したのですが、中腰ぐらいで眺めているのと、低い位置で土から20センチくらいの高さで見るのと、土に対する親近感っていうのかな、温かみっていう感じが低い位置ほど強く感じられるんですね。それと同時に、こう、土の気というんですかね、そういうものも感じられてね、ああ違うなあと思ったんだけれど。でもね、本当に土を離れて人間の存在はありえないしね。

K）「土に還る」とみんなわりと素直に言ってしまう以上、土から生まれてきたっていう遺伝子のようなものは自分たちに既に内包されていると思うんですね。

T） そうねえ。

K）だからおそらくもう、自然界には無条件降伏というかもう圧倒的ですね。でもそこで、どこかで自分たちも自然界の一員だっていうふうに、この土と対話していると感じられるんじゃないかなあ。目を下げると色のつらなりが綺麗でしょ。

T）きれいでした。ものすごくきれいでした。

K）それと、自分が小さい虫か何かになって、アリみたいになって土の上を歩いているような、自分の目が土の上を歩いているような、なんかすごい大きなところにいるような気になりますよね。

T）あのねえ、低くなってみると、ほんとに、土の温かみを感じられて、だから離れちゃいけないものだなとつくづく思った。この映画でね、生産者の方たちが何人か登場してくださったんだけれども、結局あの方たちのお仕事もね、土を大切にする、自分たちの土をどう守っていくかっていうこと、そのことがあの方たちの努力の中心なのね。

K）生産者の方の、おそらく土を大事にする気持ちっていうのはよくわかっていると思います。土が1センチできるのに100年かかるそうですよ。

T）そうですか。

K）たぶん生産者の方たちはそのことをよーくわかってらっしゃって、逆にその1センチをダメにしてしまったら取り返しのつかない時間の喪失なんですね。だからたぶん、そういうリズムというんですか、先祖からいただいた土地は何万年前からの堆積した地層とかそういうことが、わかっている、だから大切にする気持ちがあるんでしょうね。

T）そうねえ。だから土をダメにしてしまうような経済の考え方で、土をダメにしてしまうような政策っていうのは、考えなきゃならないですねえ。

K）日本中で、土を拾って一握りずつしていると、本当にこの一握りの中に宇宙があるみたいな、ちょっと大げさな言い方なんですが一握りの中の宇宙、その中に自分たちが入り込んでいる可能性がある。これはかなり抽象的な言い方かもしれないですけど、土が何万年、何億年前からきた時間、それから生産者の方たちが付き合っていく時間、それと、ふと偶然私たちが触れる瞬間の時間、そんな波長がシンクロするっていうんですかね、そういうときに何か温かいものが流れ合うんですかね。

T）そうねえ、あの例えば土ってね、宇宙のいのちが具体的に現れているもの。宇宙の慈しみ、それが土にこもっている、そうかもしれないですね。今までちょっと思わなかったけれど。

K）おそらく僕のこういう仕事は、アートというような言葉で敷居を作ってしまうんですけれども、いろんなジャンルを飛び越えて、ありとあらゆる人のために、何か考えるきっかけを与えるような装置だと思っているんです、だから、これを見ていただいた方が、三十三間堂のホトケさんの中に、必ず自分に似たホトケさんを見つけるみたいな、そんなふうに、もしかしたら、とっても愛おしくて本当にその土から離れられないような土に出会うかもしれない、っていう可能性もあるんですよ。

T） そうねえ。土は、そういう宇宙の慈しみの現れである、そういう、こじつけではないですよね。やっぱりみんながもっと土に親しまなきゃいけないかな。

K） 結局、こういう世の中になっていくっていうことは、土から離れてしまったことが大きな原因だと思うんですね。で、おそらく、人間はもっと謙虚にならなければいけない、あまりにも傲慢になってしまう。どうしたら謙虚になれるのか、これはとっても難しい問題だと思うんですけど、自分が自然界の一員だと自覚すること、これをすることすら難しいと思うんですけど、そうしないとやっぱり失礼ですよね。

T） さっき謙虚っておっしゃったでしょ。謙虚っていうのはね、在ることと無いこと、無いことは無い、在ることは在る、そのわきまえの深さによって決まってくるような気がしているのね。あなたの作品を見ると自然を超えたところの力、それに対する賛美、讃える、こういうものをあらしめたものに対する力を讃える気持ちっていうか、私はそういう賛美の気持ちが起こってくるわね。

K） この作品を見て、祈りというか、敬虔な気持ちになるという方も多いんですけれども、やっている僕とすると祈りという言葉になるかどうかわからないんですけれども、感謝の気持ちっていうんですかね、こんなことをさせてもらっていることに対する感謝みたいな。本当は土は畑にあったほうが幸せで、こんなところに持って来られないほうが幸せなのかもしれない。ちょっとした後ろめたさや申し訳なさもあるんですけれど、でも、最初は土も嫌がっているかもしれないんですけれど、皆さんに見ていただいて、土も喜んでいると思うんですね、どうだ綺麗だろ？　俺たちをちゃんと見てくれよみたいなそのやりとりの中で、僕は感謝という気持ちがすごくぴったりくるんですね。

T）そうね、やっぱり、それがわかってくると、それが理屈だけじゃなくて本当に感触を通してそれを感じることができる、土ってそういうものだったんだって。そういうことが、骨身にしみてわかりやすいかもね。その慈しみを触れるってことはすごいことですね。本当いうとね、愛というものは表さざるを得ないものなのよね、具体的にね。だからね、それをね、わかって自分の手に取ることができる、みんなそういう人になりたいですね（笑）

K）そうですね（笑）一人ひとりの土の付き合い方ってみんなそれぞれ違うと思うし、たとえば、旅先で会った土、毎日耕している土、ちょっと離れちゃったけど自分の生まれ故郷の土、たぶん、日本人じゃなくてもそうだと思うんですけど、何かそういう握れるものの記憶っていうんですかね、人間としてのというか生命としての記憶がなんかどこかにある気がして。それがおそらく、辰巳さんが言われた愛というものに繋がるのかなあって思いますね。

第六章　辰巳芳子は忘れない

＊飢餓体験

広い提言への確信がどこから来るのか？　辰巳さんの心の奥底に何があるのか？　いちどそこに触れたいと思っていました。あるとき「辰巳さんの強さの源は何ですか」と質問しました。その答えは、「信仰によって戦争を超えて来た」というものでした。敗戦から七十年。日本から、戦争を知る世代が消えてゆこうとしています。教科書や記録映像などによる知識としてではなく、戦時下の現実を骨と身で生きてきた強さが辰巳さんの中にあります。戦争体験でもとりわけ、辰巳さんが感じているのが飢えの体験です。あの時代には、戦地だけではなく、銃後と言われた全土で日本人全員が飢えました。

戦時中、家族を守る母の孤軍奮闘を娘は見つめていました。辰巳さんは、政治や社会に幻想を持っていません。信用していないとも言えます。非常時には自分のいのちは自分で守るしかないという、潔い諦観を持っているように思えます。２０１３年の新年に寄稿した「良い食材を伝える会」のニュースレターでは、

（略）年末の選挙結果は、私のような世間知らずでも、落膽せざるを得ないのです。私

は満州事変→日中戦争→太平洋戦争→敗戦。これらの経過をつぶさに身に受けとめて生きねばならなかったからです。

（略）自衛策の最大の要点は、どっちへ転んでも、各自の生命力です。でしたと申し上げるべきでしょうか。時代がどのように変わっても、自己防衛の基盤はからだです。（※22）

来るべきＴＰＰ交渉、憲法改正の議論を見越してのメッセージです。この小文で辰巳さんはこう続けます。

これらの実例は実生活に於ける手足のなえで、このなえはあらゆる実体を看破する眼力の程度と無関係ではありません。食べるということの根幹が抜けると、他の総ての実態を正しく直観出来ぬ人が増えるとお考えになりませんか。国の方向にも関わることです。（※22）

個人で国の方向を変えるのは容易ではありませんが、個人で出来ることもあります。母が見せた戦時下の暮らしのエピソードです。

私の母という人は、それはもう、弾力性のある「愛の込め方」ができた人だと思うんです。弾力性と言うより他に、表現のしようがない。本当に「弾み」があったの。（略）たとえばね、これは、何べんも言っていることだけど、私たちは戦争中、自分たちで小麦を作っていたんです。

でも、当時は統制の時代ですから、その小麦をひくのにも人間用の粉屋に持って行くことはできない。でも、馬の餌を作るところには、持って行かれた。

栄養的には素晴らしいんですけど馬の餌ですから粗いんです、ザラザラして。

近所の人たちはそれで、うどんを打っていたんですがようするにグルテンが細かくなっていませんから薄く延ばせないのね。

しかたがないから厚く延ばして、ブツブツ切って茹でる。

すると、何ができあがると言ったら……もうね、「おいしくない最たるもの」ができあがる。

カボチャを茹でたお汁のなかにそのザラザラを捏ねたものが入るんだから、もう、これがね、うんざりするぐらいに、おいしくないの。

でも母は、その同じ粉で私たちに、何を作ってくれたかというと……。

パン・ド・カンパーニュを焼いてくれた。

今でこそ、パン・ド・カンパーニュなんてちょっとましなパン屋さんに行けば売っていますけど、あの当時、あれと同じものを焼いて、「さあ、おあがんなさい」って。だから、当たり前のように食べてましたよ。一日おきくらいに、母が焼いたから。ごまのペーストを持っていたのでそこへハチミツを入れて、練って、サンドにして……最高よ。

焼けたら、防空壕にも置いておくの。

そうすれば大空襲の真っ最中でも食べられるんです。

空襲の最中には、火を焚けないんです。でも、日本の主食は必ず火を使わなきゃならないじゃない？

だから、火を使わずに食べられるものを持っている、ということは当時、本当にすごいことだったんです。

まだ学生のころ、女性の宣教師がパウンドケーキを焼いて食べさせてくださったことがあったからそれで、ひらめいたんでしょう。

蓄えてきた知識と経験と、何とか家族を守りたいという愛の気持ち、それらがひとつに響き合ったときにパッと出てきたアイディアだったと思う。（略）

だからね、母に教わったいちばんのことは、「愛」というものには「込め方」がある……ということです。

でもそれは、難しいことじゃなくて、大きな大きな卵焼きを焼いてくれたことだとか、重湯に青菜を添えることだとか、そんな、何でもないことの積み重ねだと思う。そしてね、そういう小さなことで訓練しておけばいつかきっと、もっと大きなことに、役に立つと思う。

たぶん「愛」というものはいのちそのものが、行き着くところなのよね。いのちが行き着くところに、「愛」がある。いのちの核心に「愛する」という行為がある。(※11)

太平洋戦争での日本人兵の死者は240万人。その中で戦闘行為での戦死者は約七十万人ですが、残りの170万人の兵士は餓死、あるいは戦病死しているのです。十分な食料も医薬品もなく、拙劣な作戦のもと兵士が前線に送られた結果です。

戦争が終わって七十年の月日が経ちましたが、異国で戦死した日本人の遺骨の約五割がいまだに家族の元へは帰っていません。日本の戦争体験は、個別の戦史として語られることが多いのですが、総体として国が、赤紙一枚で家族にとってかけがえのない男たちを召集し、そのいのちの重みにどう応えてきたのか、餓死七割の厳粛な事実を、私たちは忘れていないでしょうか。大岡昇平は『レイテ戦記』の中で、「軍隊とは、このように愚劣で非情な行動が行われ、しかもそれを隠匿する組織であることを覚えておく必要がある」と書いています。死んでもいいと思っていた兵は一人もいなかったのです。

飢餓体験とは逆に、平成二十二年度の農林水産省の統計では、現代の飽食やグルメの陰で食品廃棄量は2086万トンに上ったとあります。辰巳さんが繰り返して話す「食を軽視することは、すなわちいのちを軽視すること」はこの飢餓と飽食の対比にも表れていると思います。食べることの意味は、商品の売り買いやコストの議論からは生まれません。辰巳さんは日本人が、荒ぶる自然相手に勤勉に働き、工夫に工夫を重ねて食べ物を作ってきた歴史を忘れません。

＊大豆百粒の真意

そこから、辰巳さんは八十歳を契機に信念を形にする一つの運動を始めます。大豆百粒運動です。

（略）私は昔から「大豆立国」の構想を、ずっと考えていました。そしてようやく長野県の信越放送さんといっしょに「大豆100粒運動」に着手しました。（※23）

人類が豆に頼らなくてはならない時代が必ず来ると、辰巳さんは考えています。中でもとりわけ日本の農業にとって象徴的な作物が大豆です。日本人が将来頼りに出来る食の二本柱が、お米と大豆。日本の風土に合い、生活を守ってきました。大豆は味噌、醤油、豆腐、納豆などの原料としても暮らしのあらゆる場面に登場し、日本人の健康を支え、コメは日本を瑞穂の国と呼ぶように、四季に富む日本の風土の主役ともいえます。水田が温暖化の歯止めともなり、治水の機能も担い、多様な生物を育くみ、豊かな環境を維持する力ともなっています。しかし、現在では大豆の国内供給率は4％から5％に激減。コメも減反で田は荒れ、休耕田が目立つようになっています。

戦後、日本の食の主役に何が起きたのでしょうか。食の多様化の中で、主食のコメの消費が減り、洋食が普及してパンの消費量が大きく増えています。このような、日本人の食卓の変化は、自然に生まれたのではなくそうなるべき背景がありました。仕組まれたものだったのです。戦争が終わり、アメリカは戦時中に増産した小麦や大豆の余剰農産物の保管に苦慮していました。農作物の輸出が求められ、敗戦国日本の大きな市場が狙われました。そのためにはコメを中心とした日本人の伝統的食生活を変えなければなりません。

1954年（昭和二十九）アイゼンハワー大統領は「PL480いわゆる余剰農作物処理法案」を議会に提出。この年、アメリカは10億ドル相当の余剰小麦を抱えていました。法案が成立し輸出先を求めて35名の市場調査団が世界に派遣され、とりわけ日本がターゲットになりました。政府は直接介入せず、オレゴン州のアメリカ西部小麦連合会が主役となり、日本の市場開放のための綿密な戦略が練られていきました。鍵になったのは「栄養改善」と「粉食奨励」を旗印に全国をキャラバンしたキッチンカーです。車には冷蔵庫、キッチンの設備があり全国津々浦々で料理教室を開催。四年間で二万会場、参加した主婦は200万人に上りました。モダンでカッコいい洋食への憧れが作られていったのです。

「コメと味噌汁から、パンと牛乳とバター」へ、「魚から肉」へ、日本側でこのキャンペーンを担ったのは財団法人・日本食生活協会でした。費用はアメリカが出し、運営を財団が行いました。アメリカ側の条件は、キッチンカーのメニューには必ず、小麦と大豆の料理を一品だけ入れることでした。日本人の身体が小さいのは栄養が足りないからだ。「粉食は栄養を運ぶ車で、コメは塩を運ぶ」と宣伝されました。敗戦国のコンプレックスが、和食より洋食、コメよりパンに向かったのです。マスコミもこのキャンペーンに乗り、学者も旗を振りました。ベストセラーになった大脳生理学者が書いた『頭のよくなる本』も時代の空気を作る一翼を担いました。コメを食べると頭が悪くなるというような風評が広がっていったのです。

キッチンカーに次ぐ戦略は学校でした。学校給食の基本は、コッペパンと牛乳となり、当時は（1960年代）僕たちも救援物資だったアメリカの余剰脱脂粉乳を毎日飲んでいました。マーガリンやジャムを塗ったパンと薬のような匂いのするミルク。農村の近代化と栄養水準を上げるという名目の給食普及運動を文部省が先頭に立って進めました。副食はハンバーグやコロッケ、時々はクジラという肉食が主役となりました。子供の味覚が変われば、食の伝統は変化するはずです。こうして、戦後の日本は、アメリカの農作物を輸入して、工業製品を輸出するという国の姿へと変化したのです。その方向に沿って農業労働力を、都市の工場労働者へ振り替える構造改革が完成していきました。アメリカの深慮遠謀は、小麦、大豆の次は飼料として大量のトウモロコシの輸出、遺伝子組み換えの作物と留まることなく現在まで続いています。その結果が、日本の農業を荒廃させ、食料自給率は40％、穀物自給率は28％という現状を作り出したのです。

同じ島国でも、イギリスは日本と対照的な農業政策をとってきました。第二次世界大戦まえのイギリスの食料自給率は30％以下でした。世界の植民地から食料を運んでいたからです。しかし、戦後は一貫して自国での自給率を上げて、現在は70％を超える数字に回復、特に穀物自給率は99％に及んでいます。自国の民を飢えさせないため、自国の食料生産を確保すべき様々な政策がとられましたが、注目すべきなのは２００１年には日本の農水省にあたる省庁を解体して、環境と地域振興を目指す省庁として統合したことです。農業の環境を守る側面や、農業は地域の自立に必要と組織としてうたったのです。

辰巳さんは、時計の針を個人で戻そうとしています。様々に訴えてきたが大きな変化は生まれない。もうこれ以上、行政や企業の変化を待つ時間はないと感じました。思い切って子供たちの手を通して、この国の大豆を再興したいという夢に向けて八十歳を超えて、徒手空拳の戦いが始まったのです。

＊希望は子供たちから生まれる

まず小学校の子どもたちが、手のひら一杯ずつの大豆を持つ。そして一粒の豆から幾粒の豆が取れるかを、体験してみる。それから干して煮豆を作って学校の給食で食べる。それからお豆腐にはどれぐらい豆がいるかも体験する。さらに手のひら2杯分ぐらいの種を蒔けるようになったら、その大豆でお味噌も作る。そうして学校給食のお味噌をまかなう。この運動を野火のように静かーに広げていって、いつの間にかアメリカの大豆に匹敵するくらいまでの量を作ってしまおうと。

（略）私は、日本の農業が輸入依存体質から解放されなければ、独立は果たせないと思っています。

憲法問題を議論するのもいいけれど、やはりそういう具体的な場から、日本の自由を奪い返さなければなりません。

日本は世界一の輸入大国です。日本の食料自給率は40％、そして穀物だけの自給率では、世界で１３０位です。

日本というのはたいした国なんだという話をあちこちで聞きます。でも１３０位ということは、なんともいえず情けないことです。（※23）

最初に辰巳さんの訴えに応えたのが、長野県の信越放送でした。運動を始めた一年目には、県内の５校の小学校が参加しました。続いて神奈川県のテレビ神奈川がキャンペーンを始め、参加校が急増しました。今では全国で３００校の児童たちがカッコウが鳴き始める五月末に大豆の種を蒔いています。なぜ、小学生だったのか、辰巳さんはこう話しています。

なぜ子供かなっていうことはね、大人社会で豆蒔きすればね、自給率は非常に上がってくるの。そうすると、輸入を控えるようになるでしょ。そうするとね、押さえ込みがはいるの。大きいところから。それを避けたかったの。子供ならばね、自給率に無関係、子供が自分が作ったものを自分たちで食べていきたいと言った場合にね、どんな人もそれを抑えることは出来ないと思うのね。それがひとつ。

それと小さいとき手につけたことはね、必要が生じたときに対応が出来るんです。豆を蒔かなければならないときにね、豆を蒔ける人になれると思う。そういう人口が増えること、そういう予備軍が増えることを願ったんですね。

そういう具体的な足場があって食の問題をよい方向に持っていく、それをやりたかったんです。

そして、私は、蒔かせるだけじゃなく、必ず記録をさせてほしいと各学校に申し上げているでしょ。絵も描くし、それから作文を書いたり、詩を作ったりしてくれますからね。だからみんなの胸の中には豆蒔いたっていうことが残ると思う。それともうひとつ、願わくはなんだけど、小学校二年生くらいから豆蒔きが出来る、それで六年卒業するまでね、五年間よ、継続的に豆を蒔いてくれる学校があれば、そのクラスにずっと、豆蒔きをさせてくれるとね、子供はね、自分の成長に対する手応えを持つはずなの。

まあ人生、なんらかの挫折がないということはまずはありえないわね。そのとき、誰に何を言われるよりも、そのときの五年間の記憶があればね、その人を助けますよ。自分自身に対する手応えを必ず見つけ出すことが出来ると思うのね。

特に都会の子供たちがね、やっぱり土に触る、土と一体になるっていうことはね、土といのちってひとつだと思いますね。自分の出てきたところです。それを体感するってことのない暮らしは弱いわね。


辰巳さんは一年前から学校給食をどう変えていけるかを晩年の使命と考え始めています。自宅のある松尾鎌倉市長や黒岩神奈川県知事に会い、給食の地産地消の実現を強く訴えています。学校給食をテコ入れして、家庭の食卓まで変えていこうとする姿勢は、アメリカが戦後始めた戦略を逆手に取る知的な突破口です。しかし現実は厳しく、業者の既得権益、給食費の制約で値段が安い輸入食材を使わざるを得ない経済原理、栄養学計算のもとでの献立など……変革は容易ではありません。日本社会の隅々までが市場原理で覆われ、本来は商品を扱うのではない教育・医療・福祉などの公共分野までがんじがらめの状態です。しかし、辰巳さんは子供たちが日本の食の伝統を取り戻す鍵だと訴えて共感者の輪を広げています。

＊日本人の忘れ物

夜明けの芋の葉の朝露から、映画『天のしずく』の冒頭のシーンが始まりました。かつて日本各地では七夕の朝、子供たちが露を集め、墨をすり、筆で字を書く伝統が生きていました。子供たちは願いを書いた短冊を、笹の葉の枝に結び、天に祈ったものです。高度成長が始まって次第にこのような民間の伝承は消えていきました。しずくは、天と地を映す小さな水の球体。映画の始まりを、天から大地に届けられた、清らかな水のイメージで始めたいと思ったのです。

撮影が始まってすぐに東日本大震災と原発事故が起こりました。これだけの出来事があったのに何もなかったかのように企画を進めることは出来ません。一方、もともとこの映画で伝えたかったことがよりはっきりしたという気もしました。ひと言でいえばそれは「日本人の忘れ物」というテーマです。

忘れ物が始まったのは明治以降、日本が近代国家になっていった時代です。辰巳さんに即して言えば、おじいさんは加賀藩の藩士でしたが、フランスに留学して造船技術を学び日清戦争に使われた軍艦の設計に携わり、お父さんはサラリーマンでしたが四十歳で日中戦争に徴兵され、夫もフィリピンに出兵して戦死されています。辰巳家は三代にわたって日本の近代化、国策推進の渦中にありました。それでも辰巳さんはどこかこれに対抗できる個の力を持っています。それは家族との繋がりの中で育まれたものだと感じます。全体主義の中で国家に同化するのではなく、自分の価値観を持って生きてきました。

日本人の忘れ物とは何か。それは、普通の暮らしの、ささやかな営みの中にあるのではないかと思うのです。例えば、台所で家族のためにご飯を作るというような、ごく当たり前の平凡な日常の中にあるとても深い非凡。辰巳さんは八十八歳になる今日までそれを自分が生きていく支えとしてきました。

食べ物というのは、農業、漁業、牧畜業を営む人々との繋がりの中にあります。ひとつひとつの素材の持つ力を感じ、それを育んだ人や自然を想像しながら、ていねいに調理していく。それは赤ちゃんから人生最後の日々を過ごされる方までが口にしていのちの支えとして受け継がれていく。そう考えると小さな台所の風景は、森羅万象に繋がる曼荼羅のような構図に描けてきます。そうしたとき国が行う政治的経済的な論理に対して、対抗できる立ち位置が見えてくるのではないでしょうか。軍事大国、経済大国の大なるものの対極にある、小の大切さです。

とりわけ料理が凄いのは人間の五感すべてを総動員しているところです。胡麻をするとか玄米を煎るとか。はぜる音、香り、触ったときの堅さ、もちろん味覚や視覚も大切です。五感を総動員することは、世界とのつながりを身体でそのまま感じること。理屈ではありません。頭の中で分かっていることは沢山あるけれど、そのことが本当に腑に落ちて自分の生きる姿勢に繋がっているかと言われればそれは難しい。料理を、五感を活用していねいに行うことが、確かな場所に自分を立たせるための大きな拠りどころではないかと思うのです。辰巳さんはそれを「ていねいにものを作ることはていねいに生きることに繋がる」と表現しています。

日本人は近代化の中で大切なものを忘れてきました。食の伝統さえ朝露のように消えようとしていますが、失うわけにはいかない日本人の根っこなのです。

> 21世紀は、超えがたきを超えるべき命題をはらんでおり、こうした予感を持たぬ方は少なくないと思います。わたしでさえ、命題を支え、隘路《あいろ》を見出し、可能性を創出する手がかりがほしいと、常に求めている自分に気付いています。（略）
>
> わたしの祝い膳《ぜん》は、このくにのまことの姿と向き合うには、程ほどのしつらえなのです。持たざるくにを生きるわたしたちは、第一に、持っているものと、持っておらぬものを、認識のみでなく感覚的にも承知せねばならぬからです。祝い肴をかみしめながら、屠蘇を祝い、
>
> 餅の香気を喜び、
>
> 煮しめをしみじみ味わう。
>
> 先人方が持たざるありさまから手繰《たぐ》り出した甲斐性《かいしょう》は、21世紀のわたしどもに暗示的であると受け止めております。（※24）

おわりに

　映画が出来上がる一週間ほど前のことです。編集が終わって、草笛光子さんの朗読、谷原章介さんのナレーション収録を終え、音楽を貼り付けたり、字幕を入れる作業の合間に、辰巳さんから電話がありました。

「河邑さん、もうすぐ完成するわね。実は、わたくし、なんだか落ち着かない気持ちです。そわそわするような嬉しいような……これって？」

「……ちょうど、赤ちゃんが生まれるのを待っているみたいですね」

「そうかしら。……この世に生まれる赤ちゃんは、誰でも使命を持って誕生するでしょう。皆さんにかわいがられ育てていただきたいわね」

　電話を切った後に感慨がのこりました。使命とは何だろう。大事に育てるとは何だろう。

　一本の映画と一冊の本はとても近いものがあると感じています。本が発売され書店の棚に並んでも、本は完成していません。読者に読まれて初めて一冊の本が出来上がります。

　映画も観客がいなければ生まれていません。無人島での上映と同じで、そこから何も始まりません。誰かに見てもらえたときが、映画誕生の瞬間です。作品の使命は、一人の読者、一人の観客に出会うことだと思いました。

出会いには未知のロマンがあります。本も映画も、作品との対話の中で完成するからです。作り手が予想もしなかった物語を、観客の一人一人が作り出してくれるのです。映画を見る人が百人いれば百の物語が生まれてきます。そのときに、一本の映画は見た人の作品になるのです。こうあるべきと主張する作品には見る側の自由がありません。自由がなければ、心の中での創造は生まれないと思います。

僕にとって初めての映画『天のしずく』は、上映が始まると多くのことを教えてくれました。一人一人が、「涙が流れた」、「あそこがよかった」と、わがこととして話してくださったのです。その場面は人によってそれぞれで千差万別なのです。観客の年齢、人生、経験が違うからでしょうか。映画は作り手の思惑を超え、受け手の中で育っていく生命力を持っています。

辰巳さんが直感的に話してくれた、赤ちゃんを育てるエネルギーとは、映画を見る人のパワーだと感じるようになりました。観客は日本だけではなく海外にも広がりそうです。世界の十大映画祭の中の二つに正式に招待を受け、上映されることになりました。寿司やてんぷらといったよく知られた日本食ではなくて、日本の家庭料理への驚きと関心がこのような受賞に繋がったと考えています。辰巳さんの食の哲学、家族愛と人生の軌跡に世界が感動してくれたのです。

この本『手から心へ　辰巳芳子のおくりもの』は、映画と双子のような存在です。映画では語り尽くせなかった、余白を盛り込みました。

映画とこの本が決定的に違うことがあります。映画を見るには場所と時間が必要ですが、本はいつも手元にあり、短い時間でもパラパラとページをめくれます。僕は最初から、それぞれのパートを短編の読みきりのように書きました。頭から読んでもらう必要もありません。興味がある場所から読んでください。辰巳芳子さんは、日本が忘れそうになっている大切なことを伝える、語り部です。その長い人生が作り出した芳醇な物語を、楽しんでいただけることを願っています。

最後に、この本は、辰巳さんと十年以上も仕事をともにし、「きょうの料理」や辰巳さんの単行本を手掛けてきたＮＨＫ出版の湯原一憲さんと作りました。デザインは市川千鶴子さん。映画のチラシからパンフレットまで美しい世界観で描いてくれました。心強いパートナーたちに感謝します。

２０１３年初夏

河邑厚徳

引用文献一覧

※01 辰巳芳子『味覚旬月』ちくま文庫
※02『おちおち死んではいられない　この国はどこへ行こうとしているのか』毎日新聞社
※03 辰巳芳子『家庭料理のすがた』文化出版局
※04 辰巳芳子『辰巳芳子　慎みを食卓に～その一例～』ＮＨＫ出版
※05 辰巳芳子『辰巳芳子　食の位置づけ～そのはじまり～』東京書籍
※06 ＮＨＫ放送文化賞　受賞スピーチ（２０１０年2月）
※07 辰巳芳子『あなたのために　いのちを支えるスープ』文化出版局
※08 辰巳芳子『辰巳芳子　スープの手ほどき和の部』文春新書
※09「ミセス」２００９年12月号　文化出版局
※10 辰巳芳子『辰巳芳子の旬を味わう　─いのちを養う家庭料理─』ＮＨＫ出版
※11「ほぼ日刊イトイ新聞」
※12 辰巳芳子『手からこころへ』海竜社
※13 季刊「銀花」編集部編『〝手〟をめぐる四百字文字は人なり、手は人生なり』文化出版局
※14「別冊太陽　辰巳芳子の家庭料理の世界」平凡社
※15 辰巳芳子『庭の時間』文化出版局
※16 辰巳浜子『料理歳時記』中公文庫
※17「十勝千年の森」ホームページ
※18 辰巳芳子『いのちをいつくしむ新家庭料理』マガジンハウス
※19「料理王国」２０１２年11月号　ＣＵＩＳＩＮＥ　ＫＩＮＧＤＯＭ
※20 辰巳芳子・中谷健太郎『毛づくろいする鳥たちのように』集英社
※21「ＮＨＫ知るを楽しむ　人生の歩き方」２００６年4月5月号　ＮＨＫ出版
※22「良い食材を伝える会」ニュースレター
※23 辰巳芳子『いのちの食卓』マガジンハウス文庫
※24「ＮＨＫきょうの料理」２００７年12月号　ＮＨＫ出版

河邑厚徳（かわむら・あつのり）
1948年生まれ。1971年東京大学法学部卒業。映画監督。女子美術大学教授。元NHKエグゼクティブ・プロデューサー。在籍39年間で、NHK『がん宣告』『シルクロード』『アインシュタインロマン』『チベット死者の書』『エンデの遺言』『世界遺産プロジェクト』などのドキュメンタリー作品で新しい映像世界を開拓した。主に精神世界、アート、教育、現代史などをテーマに国内外の賞を受賞。定年後、初めての映画『天のしずく　辰巳芳子〝いのちのスープ〟』を監督。

辰巳芳子（たつみ・よしこ）
1924年生まれ。料理研究家の草分けだった母・浜子氏のもとで家庭料理を学ぶ。また、宮内庁大膳寮で修業を積んだ、加藤正之氏にフランス料理の指導を受け、イタリア、スペインなど西洋料理の研さんも重ねる。父親の介護を通じてスープに開眼し、鎌倉の自宅でスープ教室「スープの会」を主宰する。NPO「良い食材を伝える会」代表理事。「大豆100粒運動を支える会」会長。

手から心へ　辰巳芳子のおくりもの

2013（平成25）年8月10日　第1刷発行

著　者　河邑厚徳

発行者　溝口明秀
発行所　NHK出版
〒150-8081　東京都渋谷区宇田川町41-1
電話　03-3780-3311（編集）
　　　0570-000-321（販売）
ホームページ　http://www.nhk-book.co.jp
振替　00110-1-49701

印　刷　大日本印刷
製　本　大日本印刷

ISBN978-4-14-005637-0 C0095
Printed in Japan

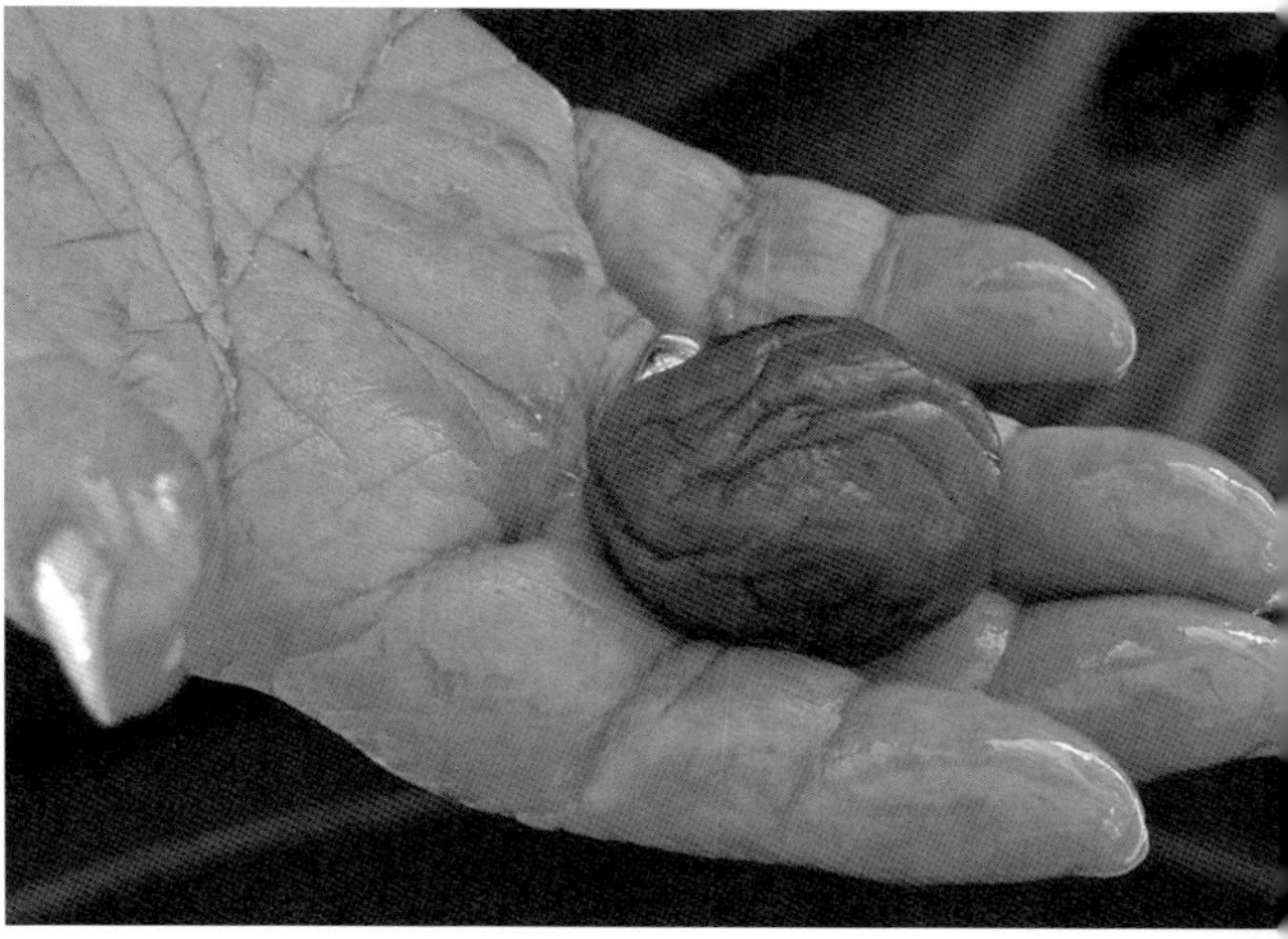